SEZEN AKSU **EKSİK ŞİİR**

Metis Yayınları
İpek Sokak 5, 34433 Beyoğlu, İstanbul
Tel: 212 2454696 Faks: 212 2454519
e-posta: info@metiskitap.com
www.metiskitap.com

Metis Edebiyat
EKSİK ŞİİR
Sezen Aksu

İlk Basım
Aralık 2006

Metis Edebiyat Yayın Yönetmeni
Müge Gürsoy Sökmen

Yayıma Hazırlayanlar
Sibel Algan, SN Müzik Yapım
Semih Sökmen, Metis Yayınları

Kapak Tasarımı
Emrah Yücel, 2006

Dizgi ve Baskı Öncesi Hazırlık
Metis Yayıncılık Ltd.

Baskı ve Cilt
Yaylacık Matbaacılık Ltd.
Fatih Sanayi Sitesi No: 12/197-203
Topkapı, İstanbul
Tel: 212 5678003

ISBN 975-342-588-0

SEZEN AKSU EKSİK SİİR

şarkı sözleri 1975-2006

metis

Bu kitap yakınlarımın, çoklukla da şarkılarımdaki sözlerle daha fazla ilişki kuranların, uzun yıllardır süregelen ısrarları sonucu oluştu. İlle de olmalı mıdır sorusu çok kurcaladı beynimi açıkçası. Epey bir süre çekimser kaldım. Düz düşününce zaten vardılar, ortadaydılar; müziğini çekip aldığınızda şiire ne kadar yakın durursa dursun eksik kalan o sözler bir araya toplandığında bir bütünlük oluşturabilir miydi?

Yaptığı işlerden bir türlü tam manasıyla memnun kalamayan, bir sonrakinde eksiğini gediğini giderme telaşı ile arkasına bakmadan bir acele yürüyüp gitmek isteyen insanlar için bu hep böyledir. Eski defterleri karıştırmaktan haz etmezler. Hele benim gibi yazmakla da yetinemediği için deli gibi kalabalıkların önüne atılıp çığırmaktan kendini alamayanlar...

Örneğin gittiğiniz herhangi bir yerde birilerinin hemen albümünüzü çalmaya başlayarak gösterdiği incelik ve nezaket sizin için nasıl bir azaba dönüşebilir mümkün değil kestiremezsiniz. Hatta bazen bütün hata ve kusurlarınızın yüzünüze vurulduğu, sonsuza dek kendinizi dinlemeye mahkûm edilip cezalandırıldığınız fantezisine kadar akıl yoldan çıkabilir.

Kendi başıma geldiği için mecburen anladığım bu yarı gerçek, yarı hayal dünyasında seyredenlere has taşkın duygularla uçlarda savrulma hali, seyredene "gülü seven dikenine katlanır" dedirtir, seyredilenin ömrünü tüketir. Oysa şarkı, şiir, hikâye, roman her neyse yazma ânı (plansız, programsız hakiki yazma ânından söz ediyorum) yazanı da seyircisi yapan olağanüstü haldir. Yazarsınız ama sahibi olamazsınız. Çok içeride bir yerden ortak bir gizli bilgiyi hatırlamakta olduğunuzu hissedersiniz. Ama ürettiğiniz her ne ise tamamlandığında "ben" sizi yeniden ele geçirir. Bir dahaki yazma ânına kadar bu eşsiz kendiliğindenliği unutursunuz. Çünkü onu diğerleri ile paylaşma süreci başlamıştır. Zekâ, akıl, süslemecilik, sunum, satış, gösteriş, özetle profesyonel alan devreye girer. Artık o ilk ânın saflığı içinde değilsinizdir. Sizi gitgide daha da huzursuz kılan bu çelişkidir – aklın o saflığın gücüne hiçbir zaman erişemeyeceğini içten içe bilmek...

İşte böyle ün nedir, ünlü olmak gerçekte neyi temsil eder, bir ünlü inisiyatifi dışında kendine yüklenen eksi, artı anlamlara ne mesafede durmalıdır, durabilir mi, bu karşılıklı bir delilik hali midir, olağan mıdır, anılar yazılmalı mıdır, yeni şarkılar üretirken *best of*'lar yapılmalı mıdır, içinden müziği alınmış sözlerden kitap olur mu ve bu gibi daha bir dolu karmaşık his ve düşüncenin içinde maymun olduğum günlerden birinde, bir cümle beni netleştirdi. Yıldırım'la (Türker) sohbet ediyorduk; "Borcun var" dedi. Hafifleyiverdim. Seyreden de, seyredilen de kendi tarafından bakar doğal olarak, görecelidir ama gerçek tektir. Ve herkes gerçek olanı sezer, vicdanla sezer. Borcum var, fark ettim ki ben bir tek bundan eminmişim zaten kayıtsız şartsız.

Bu kitabın oluşması için direncimin kırılma noktası bu cümledir. Oluştu, sıra geldi önsöze. Aklıma birbirinden güzel, manalı, süslü binlerce cümle geldi. İnsanın aklına ilk öylesi geliyor bir türlü yakasını kurtaramadığı beğendirme derdi yüzünden. Denedim, vazgeçtim. Hiç kimsenin yutmadığını, ve ilk yazma ânını hatırladım, kalemimi o ânın getirdiklerine bıraktım. İnşallah önsöze benzemiştir.

SEZEN
Kasım 2006, Kanlıca

HAYAT SANA TEŞEKKÜR EDERİM

Oyuncak bebekleri sevmedim çok,
Evcilik oynamayı...

Alkışı sevdim,
Bıçak sırtlarında dolaşmayı
Tehlikeli sularda seyredip pupa yelken
Geçici emniyetlere ulaşmayı
Kadınları, erkekleri, romanları
Hele baş kaldıranları...

Acılarım oldu herkes gibi elbet
Herkese kısmet olmayan sevinçlerim
Unutulmayı da göze aldım, evet
Hayat sana teşekkür ederim!

BEYZA

Hey, kimse yok mu orda?
Anne! Benim, kızın
Korkma!

Bak yüzüm
Dokun hadi saçlarıma
Kimseyi acıtmak istemezdim aslında
Ne olur, inanma

Onlar için daha fazla acı çektim
Bölündüm defalarca
Onların bebeklerini de kırdılar
Gözlerini oydular
Durdurmak istedim anne
Beni çok yanlış anladılar

ÇOCUKLUĞUM NEREDE

Böyle miydik ah, böyle miydim ben
Sevinçlerle uyanırdım çok eskiden
Bu biraz yenilmiş, biraz kaderci
Sanki vazgeçilmiş hissediş neden?

Anılar serpilir akşam inerken
Resimler, sokaklar geçer gönlümden
Göğsüme hançer gibi yıllar saplanır
Azalır bir gün daha ömrümden

Çocukluğum nerede, hani?
Gençliğim nerede?
Ne kadar bol bıraktık onu her yerde...

AĞLAMA ANNE

Ah ne hayatlar ümidiyle
Zamansız yollara düştük
İlk yenilen biz değildik elbet
Gün oldu, dünyaya küstük

Ağlama anne, benim için ağlama
Ben de herkes kadar aldım acılardan
Ağlama anne, benim için ağlama
Ben de herkes kadar yandım
Sen ne olur çocukluğumu sakla
Tek kalan bu elimde avcumda

Her birimiz başka bir hikâye
Anne, bu ayrılıklar niye
Sen yine bir ninni söyle bana
"Yavrum uyusun da, büyüsün" diye

KARDELEN

Ne senden fazlayım
Ne senden az
Aynı macerada
Ayrı biraz

Gözle biçim biçim
Kalple anlar içim
Ayrı, gayrı olmaz
Sen yoksan, ben hiçim

Aç, Kardelen aç!
Dağın olayım, suyun olayım
Göğün olayım, aç!

Her çiçeğin kar altından güneşe giden masalında
Yaşamak yeniden tazelenir, yeniden anlamlanır
Işığa uzanırken Kardelen kış rüyasından
Ümidin mucizesiyle sevince uyanır

HER ŞEYİ YAK

Beni yak, kendini yak, her şeyi yak
Bir kıvılcım yeter, ben hazırım bak
İster öp okşa, istersen öldür
Aşk için ölmeli, aşk o zaman aşk

Seni içime çektim bir nefeste
Yüreğim tutuklu, göğsüm kafeste
Yanacağız ikimiz de ateşte
Bir kıvılcım yeter hazırım bak
Aşk için ölmeli, aşk o zaman aşk

Beni yor hasretinle, sevginle yor
Sevgisizlik ayrılıktan daha zor
Dilediğin kadar acıt canımı
Varlığın da, yokluğun da yetmiyor

Allahım Allahım ateşlere yürüyorum
Allahım acı ile, aşk ile büyüyorum

BİLİYORSUN

Hayat bazen öyle insafsız ki
Küçük bir boşluğundan yakalar
Hissettirmez, en zayıf anında
Seni ta yüreğinden yaralar

Ellerin, kolların bağlansa da
Başında kasırgalar kopsa da
Sen tüm gücünle karşı koysan da
Seni acımasız sevdaya salar

Sen de benim kadar gerçekleri görüyorsun
Beraber olamayız, benim gibi biliyorsun
Bir başka dünyanın insanısın yavrucağım
Sen kendi dünyanın toprağında büyüyorsun

Haklısın biraz geç karşılaştık
Oysa hiç konuşmadan anlaştık
Bazı şeyler var ki söylenmiyor
Biz seninle sözleri susarak aştık

İnsan acılarla kıvransa da
Ve o aşkla bir daha doğsa da
Dünyasını yeniden kursa da
Düşlerle gerçekler ayrı ayrı yaşar

FARKINDAYIM

Ne yapsan olmuyor gözüm
Terk etmiyor bizi hüzün
Bir macera yaşamak dediğin,
Küçük zamanlar harmanı,
Sevildiğin, üzüldüğün
Hatırlamaktan ibaret hatıralar nihayet
Tesellisi çok zor sözün

Ne gemiler yaktım, ne gemiler yaktım!
O kadar yandı ki canım
Sonunda karşıdan baktım
Ne göreyim, kendime yıldızlardan daha uzaktım

Bu kızı yeniden büyütmeliyim
Kor ateşlerde yürütmeliyim
Değirmenlerde öğütmeliyim
Farkındayım, farkındayım!

Kazanmalı, kaybetmeliyim
Aşk uğruna harp etmeliyim
Bu kızı yeniden büyütmeliyim
Farkındayım, farkındayım!

Kendini seçemiyorsun
Bırakıp kaçamıyorsun
Yazmadığın bir hikâyede,
Uzun ya da kısa vadede,
Az biraz keşfediyorsun
Öteki olabilmeyi,
Yerine koyabilmeyi,
Geride durabilmeyi,
Öğreniyorsun

YANMAM LAZIM

Harcadım
Hırpaladım çok
Çok zarar verdim
Beni affet

İnsan tuhaf, ne hoyrat
Ne şaheser ve nasıl ilkel, hayret

Kibir bir canavar gibi bekliyor pusuda
Tıpkı bir volkan gibi uykusu da
Kalbini kurban veriyor

Sen aşkın talibi,
O galibi olmaya tutkun
Yok korkusu da
Ki tek bir hayat var biliyor

Yan yan yan yanmam lazım
Daha yol almam lazım
Kendimden caymam lazım
Zor

PİŞMAN OLDUĞUN ZAMAN

Yolun zorunu yürümüştüm ben tanıştığımız zaman
Sen dalgalanmaktaydın elvan elvan
O yüzden tam olarak hissedemedin sen içimi
Hâlâ kulağımda çınlıyor o alaycı kahkahan

Haberin yoktu henüz cilvesinden aşkın
Sarsılmıyordun hiç ay tutulmasından
O kadar taşkın, o kadar açtın ki
Düşmen kaçınılmazdı arzın ortasından

Pişman olduğun zaman
Zevke doyduğun zaman
Huzur bulduğun zaman
Dönebilirsin

Ben yine burada olacağım
Yaralarını saracağım
Seni anlayacağım

AĞLAMAK GÜZELDİR

Ağlamak güzeldir
Süzülürken yaşlar gözünden,
Sakın utanma!

Ağlamak öfke
Delice nefret
Doruklarda aşk
Doyumsuz sevinç
Kahreden keder
Kısaca hayat ve nefesindir.
Ve nefesindir!

Ağlamak, şu gelip geçici dünyada
Her şeye rağmen varolmak demek
Ağlamak, yaşayan binlerce duygu
İnsanca ve çoşkulu
Güzel bir şeydir

Ağlamak güzeldir
Süzülürken yaşlar gözünden,
Sakın utanma!

Ağlamak senin kara dünyada
Hâlâ sevdiğin ve hissettiğin
Tüm güzelliğin ve çirkinliğinle var olduğundur.
Var olduğundur!

Ağlamak güzeldir
Süzülürken yaşlar gözünden,
Sakın utanma!

SANCI

Geçmiyor saatler bana inat
Bitmiyor düşün düşün
Burada ne işim var
Bu razı, bu tepkisiz ben miyim?
Bu korku da ne,
Hani nerede deliliğim?
Ah ne zaman değiştim böyle
Ben nasıl da yatıştım böyle

Düşlerim uçuyor kanat kanat
Hep vaad, ah hep vaad
Kendime kilitliyim
Ruhumu esir aldım, evet,
Kimsenin günahı yok,
Bu cesaretsiz benim

Sevemem, sevemem
Bereketi bol kalbimin içi eskisi gibi soğumuyor
Gidemem, gidemem dağıtıp da her şeyi
Sokaklarıma yasaklar yağıyor
Bu hayat dediğin hediyenin el kitabı yok
Adresi sır ama güneş doğuyor

Gördüğüm her resme yabancıyım
Mecburen yalancıyım
Gerçeğim can yakıyor
Kendini savunur durur yürek bütün dünyaya karşı
Çaresiz bir sancıyım

YETER

Hep binbir maske
Ve binbir duyguda hep karmaşa
Sen ve senden başka bir insana dönüp
Yaşıyorsun parça parça her duygunu, olmaz

Yeter, yeter beni bırak seninle kendi halime
Yeter artık, içindeki yabancıya söyle gitsin
Hüzün olup binbir damga vuruyor sevgim üstüne
Yeter, gidip o sevgisizliğinde kendi tükensin

Hep yarım yarım ve erken yaşanan
Her sevgiden izler var içimde çizgi çizgi
Ve silemiyorsun onları bir türlü,
Hayır, olmaz

VURULDUK

Ne çok hata yaptık
Ne çok hırpalandık
Kırık dökük hayatlarımız, lekeli
Ne renk, ne ışık var
Her şey ne kadar ortalama
Yazık, yazık oldu!

Vurulduk ince ince
Ayrılıklara bölündük
Fark etmedik senelerce
Yalnızlıkla yürüdük

LA'L

Bir bulut olsam, yüklenip yağsam
Dökülsem damla damla toprağıma
Bir deli nehir, bir asi rüzgâr olup
Kavuşsam üzüm bağlarına

Bir çiğ tanesi, bülbülün çilesi
Annemin sesiyle güne uyansam
Radyoda yanık, içli bir keman
Ağlasa nihavend, acemaşiran

Bir turna olsam, yollara vursam
Uçabilsem kendi semalarıma
Bir seher vakti sılaya varsam
Selam versem ah sıra dağlarına

Komşunun kızı, çoban yıldızı
Yaz bahçeleri yeşil, mor, kırmızı
Ah şişede la'l, hem de ay hilal
Bir daha da görmedim öyle yazı

KESKİN BIÇAK

Geldim yarım, kaldım yarım
Neydi, ne oldu şu tez canım
Ertelendim hayattan sevdim yarım
Derken bugün olmazsa, olur yarın

Kendimden kaçak
Yarim keskin bıçak
Nerde bende o yürek
Yardan cayacak
Hep köşe bucak

Ben bu dünyayı anlayamadım
Niyetlendim de,
Altından kalkamadım

EKSİK HAYATLAR

Yapamazdık yapamazdık
Bizde öyle yürek yoktu
Daha doğrusu başka yürekleri
İncitmekten akıl korktu

Korktuk evet, cezalanmaktan
Ki vazgeçtik sevdalanmaktan
Bize düştü eksik hayatlar
Ki farklıydık sözde, yalan

Yeryüzünde bir noktayken
Büyüttük aciz ihtirasları
Yaralandık, paralandık
Kurallara kurban ettik tüm aşkları

VURULA VURULA

Hadi, sevin!
Bana ne borcun var, ne de minnetini isterim
Hadi uçur, kaçır kendini
Ben gereken acıları çekerim

Hadi, uyan!
Koparıp yerinden kalbimi sana vereyim
Yalan bu öğretilenler, yalan
Bırak beni, bildiğim gibi seveyim

Kapına geldim kendime rağmen diye
Sen beni deli mi sandın?
Sonuna kadar açtım sana içimi
Sana ne, ben seve seve yandım

Yenilirim kendime, hiç utanmam
Aşk ile ölümüm, doğumum
Savunmam, sığınmam
Vurula vurula yürür, dururum

SUÇLUYUM

Özledim, çok özledim
Ah, ağrıyor kalbim
Mümkün mü ne avunmak, ne savunmak
Bitmiyor ki bu hesaplaşma

Bir türlü bitmiyor bu sorgular
Ah, çığlık çığlık
Şimdi artık senin yerine sardığım
Bir büyük yalnızlık

Suçluyum ben de, ne olur bağışla
Kaybettik bu zavallı yarışta
Artık eskisi gibi emin de değilim kendimden
İkimize iyi şanslar bu arayışta

DÜŞ BAHÇELERİ

Yürüyorum düş bahçelerinde
Gördüm, düşümden büyük bahçe yok
Yüreğimin kuşları konmuş telgrafın tellerine
Neşesi gurbet selamlarından çok

A benim dilsiz dillerim
A benim sessiz ellerim
Yakala saçından tut hayatı
Çevir yüzüne, öp öp!

Duruyorum vaktin seherinde
Değiştirdim takvimleri, gece yok
Yüreğimin kuşları konmuş telgrafın tellerine
Neşesi gurbet selamlarından çok

GÜN GELİR

Uzaklardan bir ses zaman zaman
Fısıldar sanki adımı usul usul
Ve eğer yağmur yağıyorsa bir de o akşam
Her bir damla çelik misali ağırlaşır

Kulaklarım çınlamıyor ne zamandır
Beni hasretle anan biri yok artık herhal
Bir garip bencil duygu ki ruhumu saran
İçtiğim içkinin buruk lezzeti acılaşır
Gün gelir serseri ruhum elbet
Acının lezzetine de alışır mı, alışır
Alt tarafı insanım işte herkes gibi
Aklım ara sıra olsa da, karışır

DEĞİŞTİM

Değiştim, maalesef değiştim
Beni de kayırmadı, yordu hayat
Gün oldu dövüştüm, gün oldu seviştim
Bir tek ana evindeymiş rahat

Yok eski cesaretimden eser, geçti benden
Olayların içinde değil, dışındayım
Seyirciyim, ne hayatlar geçer önümden
Bilmiyorum aslında kaç yaşındayım

Ne gecem belli ne gündüzüm, dünya durdu
Hep aynı mahallede geçiyor rüyalarım
Beni ayrılık değil, acı söz can evimden vurdu
Ama daha bitmedi, bu hikâye yarım

Tam vaz geçiyorken yetiştin
Az da olsa ümidim var şimdi
Ben ki aşk için ölmeli demiştim
Ne yazık ki aşklar da çok değişti

RÜYA

Değmeyin feryadıma, figanıma değmeyin
Eğer sevda bu demekse ben vazgeçtim beni sevmeyin
Garipliğim kader değil, geçici, gülmeyin
Bu kış da efkârlıyım, bahara Allah kerim

Hadi yüreğim, ha gayret
Hele sıkı dur, hele sabret
Başını eğme, dik tut
Bu bir rüyaydı farzet

KİRAZ MEVSİMİ

Bir daha ben hiç olmadım eskisi gibi
Güvenmedim bir daha hiç, sakladım kendimi
İnceliklerini öğrendim aşk oyunlarının
Aslında çok da eğlendim saymazsak kalbimi

Yok güzelim mertliği yok aşkın
Ben üzerim üzülmemek için
Çok hüzünlü, ah çok hazin
Ama başka bir çaresi kalmadı ki bu aşk işinin

Bir daha gelmez geri genç baharlar
Kimbilir önümüzde kaç kiraz mevsimi var

Bir daha ben memnun kalmadım hiç kendimden
İçin için utandım hep bu halimden
Bilmiyorum nasıl geçer geri kalan
Aslında kâfidir bana müthiş hatıran

NEYE YARAR

Saklasa da sözlerim
Gizleyemez derdini
Gizleyemez gözlerim
Deli gibi sevdiğini

İçimde bir sevinç var
Senelerdir tatmadığım
Bir burukluk, bir heyecan
Doyasıya yaşamadığım

Ne kavga, ne ümitsizlik,
Ne ağlaşan insancıklar,
Ne de başka düşüncem var
Bir duygu kasırgası bu,
Sardı bütün benliğimi
Karşı koymak neye yarar

Bir yanımda doğrular
Hatalarsa bir yanımda
Aklım yapma diyorsa da
Gönlüm bir kez düştü aşka

Şimdi ne söyleseler
Aşka dair bilinen
Şu yalan dünyada ne var
Yaşamadan öğrenilen

KAHPE KADER

A benim avanak, arızalı, arsız gönlüm
Feleğin çemberine takılıp döndün ya
Arayan bulur elbet, aradın buldun, pes
Hanya'yı Konya'yı gördün ya!

Ben sana ne ettim
Yollarımı çıkmaza bağladın
Üç gün mutlu olduysam
Üç ömürlük ağladım
Yalnız geldik
Yalnız gidiyoruz, anladım
Tokadını yiye yiye
Gerçeğe aydım ya!

Kader, kahpe kader
Ağlarını ördün mü?
Yardan yok hiç haber
Yar kaldın mı, öldün mü?

KAPALIYIZ

Hani Allah biliyor, ha çizdim ha çizicem
Eninde sonunda kafayı
Huniyi başıma geçirip, çıkıcam ortaya
"Deliyim" diycem, kurtarıcam paçayı
Denen o ki kız gelerekten dünyaya
Başından yemişim zokayı
Sıkıysa baş kaldır
Gösterirler abanın altından sopayı

Aldatılmışım, acılar içindeyim
Ama dişi kuşum ben bunu da anlıycam
Hadi diyorum bozmayalım kurulu düzeni
Ama "çat" diye çatlıycam

Ne yapsın adam, takdir tabiattan
Çok farklıymış seks aşktan
Yani çektiğinle kalıcan
Üstüne bi de kuru kuru nasihat alıcan

Perişanım param parçayım
Özgüvenim yerle yeksan
Artık beğenmiyorum kendimi
Kendi gözümde değerim noksan

Neler yapmak geçiyor aklımdan
Neler utanmasam
Şeytan diyor ağzının ortasına
"Şak, şak" iki tane çaksam

Ben taklidini istemem aşkın
Duydun mu be hey, şaşkın?
Doldum doldum da taştım
Kapalıyız, evde yokuz!

Şablon şablon, klişe klişe
Uyduruk uyduruk diklenmeler
Baş kaldırıyor görünüp
Sürüye yandan eklenmeler
Ya asap bozucu beylik laflar
Ya da laftan ibaret haklar
Acı patlıcanı aşk paklar
Son nefesime kadar deniycem!

KÜT KÜT

Şu başıma gelene bakın
Aklımı oynatmam yakın
Böyle bir durumu daha hiç
Yazmadı tarihim

Ne konuşacak lafım var
Ne uyabileceğim bir hayat
Fotoğrafı çekmeme rağmen
Gittim, bağlandım

Ne tarzım tarzına uygun
O hiperaktif, ben durgun
Yani kaza gibi bir vurgun
Ne kadar matrak halim

Küt küt atıyor kalbim
Bitmedi gitti şu harbim
Liseli kızlar gibi pır pır
Uykusuz gecelere talim

Ne ayıp biliyor
Ne günah biliyor
Esiyor aklına, geliyor apansız
Aşk bunu hep yapıyor

ŞUH NEFES

Âdettendir, ağlatırlar seveni
Anlaşmış gibi aratır gelenler gideni
Masallara yazarlar, hepsi bu,
Ateşten gömlek giyeni

Sevdim de ben bana benzemez oldum
Çıkmaz sokaklarda kayboldum
Ak tende, bal dudakta, kömür gözde
Şuh nefeste bittim, mahvoldum

Bir bileni varsa gelsin bize de öğretsin
Çaresi yok mu bu aşk denen ateşin, kahretsin!
Benim üzdüklerim de,
N'olur beni affetsin

Ne masalı bitiyor, ne derdi, ne tasası
Mahkûmuz, ne yazık ki yok arası
Ya galip, ya mağlubuz
Hiç anlamadım hâlâ ne sebeple mağruruz

AŞK ACITIR

Birileri erken yol alır
Acı çeker bu yüzden birileri
Biri tüketir mutlaka, biri yanar
Ne kitabı var, ne defteri

Bülbülün kafesi gibi
Ölümün adresi gibi
Hani, dil yaresi gibi
Aşk acıtır

Bir vapur düdüğü öter
Bir veda dansına başlar mendiller
Denize dökülür yüzler
Aşk acıtır

Dayanabilirsen, dayan
Gönül yükünü tutmuş
Dayanabilirsen, dayan
Yüreğin yolları yokuş

GÖZLERİNE GÖZ DEĞMİŞ

Ah gözlerine göz değmiş
Dudaklarında günah tadı var
Suçluluk kokusu sinmiş tenine
Ben yine aynı, hep affedici

Bu saltanat, bu haller geçici
Bu taze ten, bu demler geçici
İnsafa gel, bir bak şu garibe
Gafletinden uyan, eller gidici

Ben beni bilirim
Gel gör, anlatamam
Gir, bak içerde
Hem bahar, hem güz

Dünya malında
Komşu bağında
Billa gözüm yok
Dururum dümdüz

Ah yollarına kul, kurban olurum
Yüz çevirme benden, mahvolurum
Allah aşkına sev, yoksa ben ölürüm
Kalbim nöbette bak gece gündüz

MUCİZE

"Yok, hayır çoktan unutulmuş,
Artık aşklar aşk değil" derken
İnce bir hüzün ilmek ilmek hasreti örerken
Mucize oldu, sevda açtım
Aldım kendimi, sana kaçtım

Ciğerimin köşesi, canımın canı
Seni gönderene şükürler olsun
Yüreğimin ateşi, başımın tacı
Kara gecelerime ay gibi doğdun

MİNİK SERÇE

Ümitlerime geliverdi ilkbahar
Gözlerimde bahar sevinci var
Bir başka mutluluk müjdeliyor sanki çiçekler
Yeni açan tohum, yeşeren toprak ve ağaçlar

Bak işte bir minik serçe
Benim gibi neşe içinde
Anlaştık biz hiç konuşmadan
Minik serçeyle göz göze geliverince

Bak seni de sarıverdi mutluluk
Zaman durdu bak işte sonsuzluk
Bir başka dünyanın açıldı sanki kapıları
Sevgi seli akıyor şimdi oluk oluk

Bak işte bir minik serçe
Senin gibi neşe içinde
Anlaştınız bak hiç konuşmadan
Minik serçeyle göz göze geliverince

TAHTALARA VUR

Hiç hevesim yoktu
Ümitsizdim, niyetsizdim
Son günler vasat, işler kesat
Sebepsizdim

Kapılarım kapalı
Askerliği yapalı
Kafa karış, bulanık
İstanbul'a geleli

Gün sıradan doğdu
Saat beşte olan oldu
Bir kara elmasın
Gözlerinde ay tutuldu

Ben hiç böyle olmadım
Beni bildim bileli
Daha hiç uyumadım
Seni sevdim seveli

Gel de inanma
Allah korusun nazarlardan, kazalardan, belalardan
Tahtalara vur, dağlara taşlara
Yanarsa yansın dünya aşktan

AŞK KAZASI

Çare bulunur mu yare
Can pare pare, zarardayım
Yad ellerde avare
Sen zor, ben sade karardayım

Bittim ben
Her şeyi yıktım ben
Bir günah ettim ki
Bu derdi hak ettim ben

Ağla cezalı
Eksik vefalı
Başı belalı
Aşk kazası bu, kurtulan yok

Çare bulunur mu yare
Can pare pare, zarardayım

MECBURSUN

Olmaz civanım imkânsız, vazgeçmek olmaz
Ben sana varmazsam eğer gözüm açık giderim
Oynar gider yarım aklım da, bende durmaz
Ben seni almazsam eğer mahvolurum, biterim

Sen yeter ki sev, kulun olayım
Bir dile, bin yıl kölen olayım
Boynuna, koynuna dolanayım
Mahşere kadar

Vallahi dünyayı yıkarım başına
Kimselere yar etmem seni, bakmam gözyaşına
Mecbursun, hiç çaren yok
İnadı bırak gel, şükredeceksin sonra şansına

Yandım, amanın yandım ben bir esmerin narına
Getirin basayım tuz üstüne tuz kapanmayan yarama
Ya sen gel ya da ben geleyim, ferman buyur
Ahdım var, baş koyacağım yastığına yorganına

ŞEYTAN AZAPTA

Sabah işe giderken
Her zamanki gibi erken
Karbondioksit, monoksit
Ve trafik beni yerken

Birileri kaldırımda yaya
Birileri biniyor arabaya
Monotoni, megamoni
Diye diye vardım Galata'ya

Derken bir gördüm, pir gördüm seni
Ve anında mahvettin dengemi
Öylece kalakaldım
Eyvahlar olsun yandım
Ya birinin ahı tuttu
Büyüye bile inandım
O an olan oldu
O çapkın rüzgâr uçurdu eteklerini
Benim suçum yok
O bozdu inan ki bütün iyi niyetlerimi
Şeytan azapta!

Şaka maka derken halim berbat
Kaderime küstüm iyice, heyhat
Unuttum dünya halini
Derdine düştüm feryat feryat

SERSERİM BENİM

Karanlığın içinde yandı gözbebeklerin
İlk önce gözlerini gördüm
Ilık rüzgârlar misali sesin değdi tenime
Belki bin defa yanıp yanıp söndüm

Bir yanda sen
Bir yanda tövbeler
Bir yanım karşı koyar
Bir yanım ister

Serserim benim, deli dolu sevgilim
Kor gibi sıcak ya da sular gibi serin
Gelme uzak dur, korkuyorum çok
Çılgınlık bu, halim yok

ONU ALMA BENİ AL

Bak atının terkisine de atmış gözleri şaşı gelini
Mor kaftanlara sarmış haspam odun gibi belini
Ah verin elime de kırayım cadının derisi kara elini
Seni gidi dilleri fitne fücur, kıyametin gelsin

Sen o alacası içinde fesatla hangi günü gün edicen
Ah o kaditin üstüne bir de atlas yorgan sericen
Amanın amanın yansın ocağın barkın
Utansın ağan emmin her bir yerine kırmızı kınalar yaksın
Varsın bize vursun felek,
Ne çeyiz düzdüm emek emek
Allah bildiği gibi yapsın

Böyle de nispet olmaz ki seni gidi zalim yar
Zorla da kısmet olmaz ki seni gidi hain yar
Bana ne bana ne, beni al
Onu alma!

Bende bu yetim kirazlar al al dururken
Tek başıma kara gecelerde zar zor uyurken
Yar eteğimde çakallar, kurtlar ulurken
İçine sinerse senin de, kıyametin gelsin

NİHAYET

Uyandım, bembeyaz bir sabahtı
Son yıllardaki en sert ayazdı
Sıcacıktın, taze kahve tadında
Havalandı kalbim kuş kanadında

Oysa umut ne kadar azdı
Gündelikti, anlıktı, birazdı
Okşarken inatçı saçlarını
Hissettiğim kara kışta sarı yazdı

Uzandım, örttüm bağrını usulca
Öptüm olgun erik gibi ağzını
Yürekten bir dua kondurdum alnına
Tadını çıkar dedim kalbime

Nihayet...
Diyar diyar gezdim, geldim
Safiyeti sezdim, geldim
Kendi ateşine yanan pervaneydim
Yalanımdan bezdim, geldim

KINALI KUZUM

Ne yiyor, ne içiyorsun
Elde değil aklım sende
Gece çok geç yatıyorsun
Gel de bi demli çay iç bende

Olmadı akşam yemeğe yetiş bari
Yolunu gözlüyor Perihan hanım
Bu ayrı ev işine alışamadım
Sızlıyor ince ince sol yanım

A nenni nenni kınalı kuzum
Büyüdün de adam mı oldun?
Yanağı pembem, dudağı kirazım,
Gözü okyanusum, iyi ki doğdun!

Bu yürek çarpıntısı ömürlük, biliyorsun
Büyümedin hiç gözümde bebeğim sen, ne diyorsun
Bi dualık mesafedeyim
Ne zaman sıkışırsan yanındayım
Ha bu arada soğudu havalar, aman ha
Üşütme yine kurbanın olayım

KAÇIN KURASI

Gönül gözüm kapalı
Bilerek sana yazılıyorum
A penceresi aralı
Her yerine bayılıyorum

Yavrum baban nereli
Nereden bu kaşın, gözün temeli
Sana neler demeli
Ay seni çıtır çıtır yemeli

Anam, babam aman
Kaçın kurası bu
Ne baş belası bu
Gönül kirası bu, ah
Aman, bize nasip olur inşallah
Boyuna da, posuna da bin maşallah
Senden gelecek cefalara, nazlara
Sözlere, sazlara eyvallah

HER GECE

Yüzümde güller açar
Gözün gözüme değince
Yüreğim kuş olur uçar
Bana gelince, ah

Sokağım aydınlanır
Köşeden görününce
Gördüğüm düş bulanır
Yar bana darılınca

Kaşı kalem, gözü hurma
Yanıma gel, hadi durma
Sağdan soldan, kestirme yoldan
Bize gel

Konudan, komşudan
Annemden gizli
Sessiz sedasız her gece gel
Gece gece gel

Doğudan, batıdan
Yandaki kapıdan
Olmadı, çatıdan her gece gel
Gece gece gel

SEYR-Ü SEFER

Ey, aşk!
Al beni süründür, yak ateşlerde
Ben gönüllü köleyim, sahibim sensin
Kanat beni ballı zehirden dişlerinle
Sen her şeye rağmensin, ebediyensin

Gönül yangın, mahkemesiz mahkûm, kederde
Çilemi seveyim, ha gökte ha yerde
Ben aşksız neyleyim herkesteki bedeni
Ben dururum tende, can seyr-ü seferde

Annem, annem beni aşka ver
Asi başım bir aşka boyun eğer

ERKEĞİM

Rüyalarım sen, dualarım sen
Eğer gidersen başlar tende güz
Kalbim önünde bir kız çocuğu
Kıyabilirsen gel, üz

Başka sularda inan seyrim yok
Sana soyundum, varsa yoksa sen
Bir sözün ile ihtiyar olur,
Bahtiyar olur bu ben
Savurur sevdan sevinçten hüzne
Dile benden ne dilersen
Ah o sevişler, o terk edişler, naz edişler
Erkeğim ah, erkeğim sen
Cehennem cennetimsin

ÇEKİRDEK HATUN

Ah beli daracık, çekirdek hatun
Gel dudağına güller ekeyim
Kız bu ne bereket, bu ne bolluk
Gel, müebbetini çekeyim

Gerdanını, göbeğini öpe öpe
Seni elimde büyüteyim
Sen uykulara düş de yorgun, argın
Ben terini sileyim

Elleri sevme, gel beni sev
Cilvesi meze, muhabbeti mey
Saksıda hanımelim, kurakta pınarım
A körpe fidanım gel, bana gel
Mevlam bize de nasip etsin
Dayalı döşeli bir yeşil ev

Ah gecesi ağılı, gündüzü beter
Yapamam, yapamam ben sensiz
Kâkülü mızrak, gözü hançer
Yatamam, yatamam ben sensiz

MENDİLİMDE GÜLÜŞÜN

Bitmiyor anı anı üstüne
Can buna yetmiyor
Gözümün önünden kayıp aşklar,
Delikanlı çağım gitmiyor

Vay anam kahrolası bu gurbet
Bu uzun geceler yangın yeri, ah
Ümitlerimi trenler,
Tramvaylar çiğniyor

Alnına oyalı da hasret düşmüş karanfilimin, yüreğine yas
Yaralarına tütün bassam acısı dinmiyor
Vay anam savrula savrula darmadığın yıllar bir acele geçti bizi
Dünyanın kanunu değişmiyor

En kötüsünü düşün, belli değil dönüşüm
Sakladım duruyor mendilimde gülüşün
Alnımın yazısı, elmanın yarısı
Gül başak sarısı, yakışmıyor sana hüzün

AŞKTAN NE HABER

Aç kalbini ben geldim
Sıkı sıkı tut, bırakma
Zar zor yıktım duvarlarımı
Kıymetini bil, uzatma

Bak yaldızlarımı döktüm
Açtım kapılarımı, gir içeri
Gör parklarımı, bahçelerimi
Anla, ben büyük harflerden ürktüm

Gözlerinin arkasını,
Sözlerinin alt yazısını,
Kalp diline çevirdim çoktan,
Okudum öztürkçe acısını

Ben anlamam toptan, tüfekten
Ben anlamam taştan yürekten
Anlamam akıntıya kürekten
Bunları boşver, ne haber aşktan

EL GİBİ

Ne bir ses ne de haber gelmiyor artık senden
Öylece kalakaldım deli hasretinle ben
Bir yabancı selamın ile hüzünlere daldım
Kendi ellerimle ben beni kederlere saldım
Sonunda bir oyuncak kara sevda aldım senden
Yani değişmedim hâlâ,
Öyle biraz çocuk kaldım

Yok öyle el gibi durma, gül biraz
Sana gülmeler yaraşır
Yok öyle güz gibi soğuk olma
Güz ayrılık taşır

ASLAN SÜTÜ

Acemiydim, delikanlıydım
Yoldan çıkardın sen beni
Ne masalar kurdum, ne yağdırdım
Ocağın batsın, e mi

Dediler, "iç aslan sütü,
Onsuz çekilmez hayat yükü"
Şaşırdım yerde mi, gökte miyim
Daha ilk kadeh yaktı beni

Ne zaman ki gördüm seni
Rakıdan da ak tenini
Bir şişeden içtim, bir dudağından
Büsbütün dağıttım kendimi

Senin sarhoşluğun geçmez
Rakıdan hiç vazgeçilmez
Kaderime razı oldum artık
Bir insan daha fazla kaybedemez

ARKA SOKAKLAR

Doğrusu ben seni pek fazla tanımıyorum
İçgüdüsel olarak kendimi savunuyorum
Dolayısı ile bilemiyorum,
Arka sokaklarda neler oluyor

Sen beni istersen çok rahat kandırabilirsin
Kendini şahane bir şey sandırabilirsin
Dolayısı ile bilemiyorum,
Arka sokaklarda neler oluyor

Zorlama güzelim, zorlama
Kendiliğinden olmalı
Davul dediğin davulcusuyla müsemma
Horlama, eziğiz doğuştan
Sende erkeklik sır
Bende kadınlık muamma

AYRILIKLAR BİTMEZ

Gün ağarınca kalkamaz birden
O yattığı sert kuru yerinden
Bir başağrısı ense kökünden
Acır kendine, başlar yeniden

Her kadehte bir isyan şahlanır
Bir isim, bir aşk daha silinir yine gönlünden
Her tüketilmiş sarhoş geceden
Tek şey anımsar eski günlerden

Bir çift mahsun göz, uysal hüzünlü
Biraz kaderci, ürkek, çekingen
Her an koşardı can-ı yürekten
Ne zaman isteyip arasam en uzak yerlerden
Ve ayrılıklar bitmez, öğütür
Ve gölgeler siner ömrüne kaçarak kendinden

Yıllardan beri hep o hayali
Taşır sırtında bir yük misali
Sarar pişmanlık şöyle inceden
Yorgun, utançlı başlar yeniden
Her kadehte bir isyan şahlanır
Bir isim bir aşk daha silinir yaralı gönlünden

GEÇER

Hep aynı hikâye
Gönlüm düşünce aşka
Her ayrılık aynı
Yalnız kişiler başka

Hep aynı yalnızlık
Aynı tanıdık telaş
Hep aynı, her şey aynı
Sanki birbirine eş

Geçer, geçer daha öncekiler gibi
Bu da geçer, neler neler geçmedi ki
Yine düşer deli divane gönlüm aşka
Aşka vurgunum ben

Hep aynı heyecan
Aynı çocuksu hayal
Ben böyle biraz deli
Sen de bir an öyle kal

ONURSUZ OLMASIN AŞK

Bak, yüreğime bak
Ateşimi gör, içimi hisset
Hadi hazırım
Yeter ki onursuz olmasın aşk

Gel, sokağıma gel
Penceremi aç, yatağıma gel
Hadi hazırım
Yeter ki onursuz olmasın aşk

Ölürüm yoluna, ölürüm de yine boyun eğmem
Yakarım dünyayı uğruna ama sana eğilmem
Öyle sınırsız, öyle derin, öyle çok severim ki korkarsın
Kuruyup çöle dönsem de, pare pare olsam da, yenilmem

KARANFİL

Ah benim örselenmiş incinmiş karanfilim
Bir sessiz çığlık gibi kırmızı, masum, narin
Bu ürkek, bu al duruş, söyle neden bu vazgeçiş
Ne oldu ümitlerine, bu ne keder, bu ne iç çekiş

Sen ki özgürlük kadar güzelsin
Sevgi kadar özgür
O güzel başını uzat göklere
Gül güneşlere, gül

Kırılma, küsme sen yine bir şiir yaz
Çok değil, inan az kaldı az
Bu kadar erken susma, biraz bekle
Ağlama, ağlama gül biraz

GİDİYORUM

Zaman, sadece birazcık zaman
Geçici bu öfke, bu hırs, bu intikam
Acılarımız tarih kadar eski
Nefes alıp vermek misali olağan

Zaman, sadece birazcık zaman
Son bulduğu yerde sevgiler bir tek an
Böyle benzer izler etrafında
Alışkanlıklarımız bile sıradan

Gidiyorum bütün aşklar yüreğimde
Gidiyorum kokun hâlâ üzerimde
Sana korkular bıraktım, bir de yeni başlangıçlar
Bir kendim, bir ben gidiyorum

Zaman, sadece birazcık zaman
Kızgınlığım yalnızlıktan korktuğumdan
Bilirsin karanlıktan da ürkerim çocuklar gibi
Işıkları hep yakarım bu korkudan

TUTUKLU

Ne senden öncesi, ne senden sonrası
Ayrılık aman ölümden yaman
Geçmiyor zaman geçmiyor
Ne anam, babam
Ne en hoş hatıram
Yetmiyor canım, yetmiyor

Ben sende tutuklu kaldım
Kendi hayatımdan çaldım
Yedi cihan dolandım
"Bana mısın?" demiyor

Sakladım gözlerimi
Sustum hep sözlerimi
Yandım yar!
Közlerimi savur savur, bitmiyor

SIZI

Sızım sızım sızlar içim
Gözümde akmayan yaşlar
İçimde yıllardan kalma birikim
Bilmem ne zaman patlar

Bilirim sonu var bunun
Bilirim sonu gelir her sorunun
Bilirim sonu var bunun
Çaresi bulunur bilirim her sorunun

Hiç aç, susuz yaşamadım ki
Hiç parasız, pulsuz kalmadım ki
Hiç aşksız, sevgisiz olmadım ki
Neden, neye, kime bu özlem

Sızım sızım sızlar içim
Yüreğimde fırtınalar
Ve suskun umutlarım
Sanki benden hesap sorar

KAYBOLAN YILLAR

Dönüşü yok, beraberce karar verdik ayrılmaya
Alışmalı, arkadaşça yolları ayırmaya
Şimdi artık gözyaşları gereksiz akmamalı
Alışmalı kendi yaramızı kendimiz sarmaya

Şimdi artık kelimeler yetersiz, anlamı yok
Yitirmişiz anılarla beraber, faydası yok
Gel bunları bırakalım artık bir tarafa
Gerçeği görmeliyiz dostum, başka çaresi yok

Şimdi bana kaybolan yıllarımı verseler
Şimdi bana seninle bir ömür vaad etseler
Şimdi bana "yeniden ister misin" deseler
Tek bir söz bile söylemeye hakkım yok

OYUN BİTTİ

Kısa bir an, bir tutuşma
Darmadağın oldu her şey
Sonra alıp başını gittin
Niye döndün?

Ellerin ellerimde kaldı
Dudaklarımda dişlerin
Yanan etin, ah gözlerin
Niye döndün?

Bir temas, binbir anı
Yeminlerin, ah sözlerin
Silinmedi, silinmiyor hayatımdan izleri
Söndürdüm ben yangınları
Külleri savrulup gitti
Hayır, artık oynamıyorum, oyun bitti

YOK Kİ

"Yok ki daha iyi bir yolu" dedim, aman
Kurşun gibi hızla akıyor zaman
En az ne kaybedebilir ki insan
En çok ne kazanabilir ki hayattan

Hani yıllar geçiyor
Gençlik gidiyor elden
Al aklını başına
Hadi, davran vakit varken

Bir düzenin olsun, bir yuvan
Çoluğun çocuğun
Yani nedir ki hayat dediğin
Bu kadar zaten

Derken anladım
Aslında çok hazin hikâye
Dünya adaleti bu
Kötülükten ziyade

Ağladım olmadı, çaresi yok
Söylesem sözlerim zehirden ok,
Dönüp yine beni vuracaklar
Yalnız yürümekten korkuyorum çok

YETİNMEYİ BİLİR MİSİN

Yetinmeyi bilir misin?
Sana verdiği kadarıyla hayatın
Hoş, bilsen de bilmesen de
Yara bere içinde bu yollardan geçeceksin

Kazanmayı isterdim, kaybetmeyi değil
Ama olmadı yar
Kendini kayırıyor her insan önce
Bu yüzden aşka kıyar

Giderim, alışığım gitmelere
Direndi bu can ne bitmelere
Giderim, alışığım gitmelere
Gerek yok isyan etmelere

YAVRU KUŞUM

Bu böyledir, bildiğim halde naza çekmedim
Ne sevgim ne sözümden cimrilik etmedim
Bin yıllık kaidesidir bu ilişkilerin
Tuzağa düşmedim ki ben, böyle istedim

Ne önemi var ki sen beni terk etsen
Ben peşinde koşsam, sen bana direnşen
Eğer ben senin ta içini gördüysem
Ruhumu şeytana teslim etmem, hiç etmedim

Her veda canımdan bir parça kaldı
Yeniden sevebilmem çok zaman aldı
Bu yüzden âlem beni belki saf sandı
Yine de ben kalbimi bozmam, hiç bozmadım

Daha çok yolun var yavru kuşum
Bu yollardan geçtiğimi unutmuşum
Madem bataklıkta nilüfer bulmuşum
Uyar mıyım el sözüne, hiç uymadım

Yazıma bıraktım, yarından ümidim var
Bu bahar olmazsa belki gelecek bahar
Son anına kadar bekler inananlar
Bırakmam aşkın peşini, hiç bırakmadım

VAZGEÇTİM

Vazgeçtim gözlerinden,
Vazgeçtim sözlerinden
Bir "ah" de yeter
Sessizce, kimsesizce gönderdim dudaklarımı
Öpme, al yeter

Hiç tanımaz tenim ellerini
Bilmez yüreğim, bilmez yüreğini
Ah bu koku, bu ten, bu dokunuş,
Ah bu delilik sarsar bedenimi
Yok olmak anıdır şimdi

USLANMADIM

Usanmadım, uslanmadım
Utanmadım karşılıksız sevmelerden
Açık yara misali yüreğimin hali
Aşktan başka bir şeye inanmadım

Öğrenmedi gönül yaşlanmayı
Dünya zamanıyla gün saymayı
Saldım semaya özgür en kara sevdayı
Senden başka bir şeye inanmadım

Bunalmadım, bulanmadım
Yoksa orman misali yanar mıydım?
Aşktan ölmeseydim aşka doğmasaydım
Kendimi masallara adar mıydım?

BAŞKA HAYAT

Bıraktığın yerdeyim bak
Oysa sen ay kadar uzak
Göğsünde uyuyan başka
Yaşadığın başka hayat

Üstelik utanmıyorum
Unutuldum, unutmuyorum
Gülüp geçse cümle âlem
İnadına seviyorum

Değişmedim, değişemem
Değişmek istemiyorum
Kavuşmak değildir aşk
Kavuşmamaktır, biliyorum

Kim bilir kim daha akıllı
Korka korka yaşanır mı
Kaçış olsa yürek hâlâ
Sevdaya adanır mı?

İtiraf et, aşk esastır
İstersen en dibe bastır
Küllerinden doğar hergün
Her ölüm bir süre yastır

UÇURTMA BAYRAMLARI

Bir rüya, bir ümide yaslanıp, yaralandık
Tutunduk sevgilere düşe kalka, hep yol aldık
Yenilme, gel yenilme
Belki de aldatıldık

Belki dünya hiç dönmüyor
İmkânsız, yanıldılar
Ölüm yok, ölünmüyor
İmkânsız, ah imkânsız...

Gel, uçurtma bayramları var
Haydi sevin de gel
Ölümsüz, özgür çocukluğuna
Yeniden yol ver
Haydi koş, haydi gel
Bir avuç sevinç al annenden
Bana da biraz ver
Öylesine yalnızız ki
Şu koskocaman şehir ve biz
Ne olur, bari sen gel!

TÜKENECEĞİZ

Ne böyle senle ne de sensiz
Yazık, yaşanmıyor çaresiz
Ne bir arada ne de ayrı olmak imkânsız
Hiç sebepsiz

Ne hayallerle, ümitlerle
Mutlu olmaktı dileğimiz
Suçlu ne sensin, ne de benim
Şimdi sensizim, sen de bensiz

Bir an gelip de küllenince
Yüreklerimiz dinlenince
Başka sevgilerde teselli bulunca
İşte biz o gün düşüneceğiz

Etrafımızı sarıverecek
Bir boşluk ki asla bitmeyecek
Her şey bir anda anlamsız gelecek
İşte biz o gün tükeneceğiz

SORMA

Gün ağarınca boynum bükülür
Dalarım uzaklara, gönlüm sıkılır
Sorma ne haldeyim
Sorma kederdeyim
Sorma yangınlardayım zaman zaman
Sorma utanırım
Sorma söyleyemem
Sorma nöbetlerdeyim, başım duman
Ah bu yangın beni öldürüyor yavaş yavaş
Kor kor ateşler yanıyor içimde
Aşk beni kül ediyor

SENDEN SONRA TUFAN

Zannettim ki yerine koyarım
Her köşede bekliyor aşk, ararsan çok
Seneler geçti acıyla farkına vardım
Taklidi var, hakikisi yok
Yaşayıp, görmeden
Mümkün değil bunu anlaman
Senden sonra tufan

Umudumdan vazgeçmedim
Gel kurtar beni gururumdan
Ah ne yaptım ben
Eser yok iç huzurumdan
Ayrılıncaya kadar fani beden ruhumdan
Sesimi duyana kadar usanmadan,
Bağıracağım
Ölene kadar aşkı çağıracağım

Neye yarar olsan bile bin pişman
Aşk kapıyı iki kere çalmıyor
Oldu ki Allah'ın sevgili kuluysan
Bu defa sende hal kalmıyor

SAKATLIK BENDE

Ne sen memnun kaldın benden, ne de ben
Malum, idare ettik durumu, mecburen
Laf, kuru sıkı laf
Kitabı yok ki bu meredin
Hadi aşkı öğrendik de
Gerisini nasıl halledelim
Sen olacağına bak
Hele bir yeterince acı çekelim
Ah inan zorum seninle değil,
Kendimle şekerim
Sakatlık bende!

Sıkıldım be düşün düşün
Bitmiyor bu hesaplaşmalar
Beni ya meyhaneler paklar
Ya da yeni aşklar

Sen bıktın, ben bıkmadım
İktidar savaşlarından
Üstelik hep pişmanım
Bu 'ben' telaşlarından

YANIYOM ÖLÜYOM

Be kardeş şu köşeden bir rakı al da gel
Yüreğimdeki efkâr ölümden beter
Benimkini kaptırdım göz göre göre
Ya bende akıl mı var, yandık bu sefer

Oturdum da sofraya bir hava tutturdum
Kabahat bende, yari sonunda bıktırdım
Yatacak yerim mi var benim dünyada?
Alıp başını gitti, kendim küstürdüm

Yanıyom ölüyom
Babama haber verin,
Seviyom, çok seviyom
Dostlar araya girin

İMKÂNSIZIM

Biliyordum imkânsızdı
Sana yetmek mümkün değil
Denedim şansımı sınırların yoktu senin
Eline değdiğim
Dokunup sevdiğim
Sadece resmindi, sen değildin

Sana yetmek mümkün değil
Ben şansımı denedim
Sınırların yoktu senin
Kanatlarım yoktu benim
İmkânsızım, sana emanet ümitlerim

Sen ne olur üzülme benim için
Ben dururum ayakta yine
Biraz keder, biraz pişmanlık
Biraz da sen içimde

KADINIM

Sana dargınım, kırgınım sana, kızgınım
Haksızlık, vefasızlık bu
Bu her şeyi inkâr eden duygu
Ne acı, yazık

Kadınım söyle, sen mutlu oldun mu?
Bu deli adamı unuttun mu?
Sevdin mi gerçekten, ah seviştin mi?
Söyle, onları da öptün mü?

Hiç üzülmedin mi, düşünmedin mi halimi?
Hiç mi sızlamadı için?
Bir tek iz bile yok mu benden?
Ne acı, yazık

YÜZ YÜZEYİM

Yüz yüzeyim artık kendimle ben
Aynı takımda değiliz sevgilim
Ben uyamam bundan böyle sana
Sahici duyguların peşindeyim

"Kalbim bedenimden de büyük"
Desen de olmaz, hissetmelisin
Herkes bu nedenle tanıdık
Gerçek yüzünü göstermelisin

"Kimse kalkamaz bunun altından,"
"Bu dünya böyle" diyebilirsin
Ya ileriye gidersin, ya yerinde sayarsın
Ya yarına yetişebilirsin

Kaybetme ümidini, korumaya al
Ya ölmeli ya kalmalı, denemelisin
Ya ileriye gidersin, ya yerinde sayarsın
Ya yarına yetişebilirsin

Anlaşarak zincire vurulmuşuz
Başkalarına göre önemimiz
Ah büyüdük dünya zamanıyla
Oysa hâlâ ana rahmindeyiz

YORGUN AKŞAMLAR

Yine akşam oluyor
Deniz durgun, hava durgun
İsyanlar, ümitler ve ben
Ve yanlızlığım yorgun

Yine tanıdık çehreler
Gülüşler aynı, gözler solgun
Bir günü daha yaşanmış
Şu geçip giden ömrün

Dilimde anlamsız bir dolu söz
Ne yaptığım belli, ne istediğim
Bir günü daha yaşanmış ömrün
Bilmiyorum ki ne beklediğim

Yine yüreğim daralıyor
Kelimeler düğüm düğüm
Bir günü daha yaşanmış
Şu geçip giden ömrün

YETER BU AYRILIK YETER

Dolaştım tüm sokaklarını şehrin
Adını haykırdım gecenin yüzüne
Ümitsiz, öfkeli, yalnız

Seni çağırdım, sesini çağırdım
Sırrımı söyledim başlayan güne
Kırılgan, ürkek, mahsun

İçli bir şarkının sözleri gibi
Gizli bir yangının közleri gibi
Aldatılmış çocuk yüzleri gibi, kaldım

Yeter, yeter, yeter!
Tuzaklar kurma yollarıma
Özledim, bu ayrılık yeter
Hasreti sardım kollarıma
Bu oyun, bu haksızlık yeter
Yoruldum, bu delilik yeter

GİDİYORUM BU ŞEHİRDEN

Gidiyorum yine bu şehirden ayaklarım geri geri
Tekerlekler almış başını dönüyor, dönüyor
Sanki bütün büyük aşkların ortak kaderi
Ah beni en çok bu mahvediyor

Ah beni, vah beni
Nerelere gideyim, nasıl edeyim
Al beni, sar beni
Saramazsan eğer körfeze bırak
Gurup ile söneyim

RUMELİ HAVASI

Koparıp, bir gül takmıştınız o gün
Göğsüme gizli bahçenizden, pembe
Demiştiniz, "ne füsunkâr durdu pembe gül,
Sütten daha ak teninizde"
Ben o gün yandım işte
Sabaha doğru üçte
Çok zaman oldu, siz evliydiniz
Ben kaldım hâlâ,
O yüreğimin vurgun yediği terk edilişte

Gelip gitti, ah beni buldu
Sevdanın en karası
Baharlarla sonbaharlar
Güzler, yazlar arası
İhtimal ya fikrinize düşersem
Tutturun bir Rumeli havası

TUANA

Tuana, dallarına karlar yağıyor Tuana
Ay! Yüreğine ayaz vurur da,
Sen üşürsün oralarda
Uyan, artık uyan!
Kara gülüm zaman yok, mekân yok

Tut asırlık umutlarla, acılarla
Tut, bırakma peşini, hayatın ateşini, gel
Ah! Akıp gider oyun, akıp gider
Devam eder hayat
Ah! Uyan da gel Tuana
Yüreğim kan ağlıyor

Sana söz, yine baharlar gelecek
Sana söz, ışık sönmeyecek
Ölüm yok ki Tuana, uyan, şimdi yaşanacak
Sana söz, yine baharlar gelecek
Sana söz, ışık sönmeyecek
Söz

İSTANBUL

Saçlarını dağıtır rüzgâr yeditepe üzerinden
Hatıralar tarihin küllerini savurur
Kadın gibi, kısrak gibi sarılayım gel, ince beline
Yarim İstanbul gel, öpeyim gerdanından

Tüketilmiş, yaşanmamış, hediyelik hayatlar
Ah bu evler, pencereler, bu kapılar, sokaklar
Hüzün gibi, sevinç gibi eskitilmiş zamanlar
Yarim İstanbul gel, öpeyim gerdanından

Minareler uzanmış gökyüzüne bağırır
Kara sevdan nerelerden yüreğimi çağırır
Dua gibi, büyü gibi ezberledim hasretini
Yarim İstanbul gel, öpeyim gerdanından

TEBDİL-İ MEKÂN

Nereye gitsem yanımda götürüyorum çilelerimi
Valizimde taşıyorum 'keşke'lerimi, 'bile'lerimi
Havalanmıyor, oyalanmıyor ruhum ne çare
Üstüne hasretle dolduruyorum filelerimi

Neresinden başlasam eskisi gibi kolay olmuyor
Kelimelere itimadım kalmadı, işim çok zor
İri yarı, kötü kalpli, boyalı, geçkin kadınlar gibi
Dil, çöplerini naylon torbalarında saklıyor

Soranlara "eh işte idare ediyor," dersin
İyi niyetli değilseler, üstü kapalı geçersin
Dilersen ara beni ya da yaz bana arada bir iki satır
Ya da yazma, ne bileyim hani yani tutarsa tersin

Tebdil-i mekânda ferahlık yokmuş aslında
Acının yüzölçümü yeryüzünden çokmuş aslında

İZMİR YANIYOR

Dön, dön bebeğim, yanıyor içim
Özledim, çok özledim
Martılar süzülürken, süzülür yaşlar
Dökülür gözlerim

Gurubun rengi boyarken bile sahili turuncuya
Hiç tadım yok
Ne hilal, ne çoban yıldızı teselli etmiyor
Acım çok
Ki düşün ne kadar severim
Meltemin yüzümü öperek esişini
Ağlarım incecikten
Ayrılık ölümden çok

İzmir İzmir yanıyor
Kara sevdam hasretinden...

KIRAN KIRANA

Unutma,
Sen yine sardunyalara su ver ben yokken, unutma
Gazeteleri oku kahvaltı ederken, unutma
Haberleri dinle her saat başı lütfen
Sen ki acı çekmenin en kibarını bilirsin
Sen ki mum gibi içine içine erirsin
Dayan gözümün nuru
Kavuşacağız elbet bir bağbozumu
Kıran kırana bu hayat
Yaşayacağız boynumuzun borcu
Unutma, bahardır kışın sonu

KAÇAK

Bu şehirde buldum buğday ellerini
Bu şehirde sevdim badem dillerini
Senle unuttum bütün ezberlerimi
Pişman değilim ama caydım sözümden
Düşman değilim ama düştün gözümden

Bir daha bu yolları aynı hevesle yürür müyüm
Kimbilir ne bekliyor, kalır mıyım ölür müyüm
Ne malum dünya gözüyle bir daha görür müyüm

Tuhaf buluyorlar bu kaçak halimi
Seninle doldurdum yasak ihlalimi
Seninle kapattım aşk defterlerini
Pişman değilim ama caydım sözümden
Düşman değilim ama düştün gözümden

YALNIZLIK SENFONİSİ

Anladım sonu yok yalnızlığın
Her gün çoğalacak
Her zaman böyle miydi bilmiyorum
Sanki dokunulmazdı çocukken ağlamak
Alışır her insan, alışır zamanla kırılıp incinmeye
Çünkü olağan yıkılıp yıkılıp yeniden ayağa kalkmak

Yalnızlığım yollarıma pusu kurmuş, beklemekte
Acılar gözlerini dikmiş üstüme, nöbette
Bekliyorum, bekliyorum
Hadi gelin üstüme, korkmuyorum
Bulutlar yüklü, ha yağdı ha yağacak üstümüze hasret
Yokluğunla ben başbaşayız, nihayet!

KALP UNUTMAZ

Çok zaman geçmesi gerek aradan
Akşamdan sabaha onaramam ki
Boş kalırsa durur, atmaz ki bu kalp
O zaman ben nefes alamam ki

Onu yeni bir masala inandırmalıyım
Hatta bi süre kandırmalıyım
Akarsuda iki kere yıkanılmaz
Yüzünü yarına döndürmeliyim

Bir daha dener miyim hiç?
Bir daha geriye döner miyim?
Araya girenleri, el sürenleri
Ben unutsam, kalp unutmaz
İhanetle vurulmuş biri
Bir daha öncesi gibi kanatlanamaz

Kendimi korumaya aldım
Bana bu aşkın olmuş olabilecek tek faydası bu
Bastığım yerin ayağımın altında,
Kızgın kumlar gibi kayması bu

İNSANLIK HALİ

Daha çok kırılacak kalbin,
Daha çok üzüleceksin
İnsan her şeye katlanır,
Göreceksin
Gün geçtikçe taşlaşır sandığın yürek
Öyle bir yanar ki yeniden
Şaşıracaksın

Ah! İnsanlık hali
Ah! Bazen nasıl kolaydır,
Bazen her şeye mani

İçimde biri var ki yaptığımı yıkmak istiyor
Can bedenden ayrılıp da kaçmak istiyor
Bir yandan prangalara razı gönül
Bir yandan martı misali uçmak istiyor

HERKES YARALI

Ne zaman canın yansa bu kadar derinden
Sanırsın mümkün değil bir daha üzülmen
Ne inat, ne gözü kara, ne dayanıklı yürek
Acıyor aynı yerden her şeye rağmen
Ne akıl kâr ediyor, ne fikir o sırada
Biliyorsun geçiyor zamanla ama ne fayda

Yaralı, tepeden tırnağa herkes yaralı
Alışılmıyor acıya, yok kaidesi kuralı
Kanayıp, ne kadar tutabilirsin gül uğruna dikeni
Ne gelen anladı, ne giden olanı biteni

Adıyorum aşka geri kalanımı
Suya söyledim gitti en son yalanımı
Aşkın da en hesapsız kitapsız olanını yaşamazsam
'Kara Kaplı'ya kaydedin beni!

HATIRLA

Hani bir mendil hediye etmiştin
"Ne olur mendil verme, ayrılık" demiştim
Bak dediğim çıktı işte
Bir doğruluk var her eski deyişte

Ne sen böyle olsun isterdin, eminim
Ne ben yokluğunla deli divane
Olduk ya sonunda kaderin oyuncağı
İçim kan ağlıyor, mendil bahane
Yar, azıcık bir değerim varsa eğer
Hemen sevme

Hatırla sevgilim, ne olur hatırla
İyi haberlerini karala bir kaç satırla
Baharda kirazlar çiçeklendiğinde
Bil ki bekliyorum ben hâlâ sabırla

Hani bir gün sarı gül göndermiştin
Yine ben aynı korkuyu hissetmiştim
Bak korktuğum geldi başıma
Ben karışamam artık gözyaşıma

Ne sen böyle olsun isterdin eminim
Ne ben yokluğunla deli divane
Olduk ya sonunda kaderin oyuncağı
İçim kan ağlıyor, sarı gül bahane

DÖRT GÜNLÜK BİR ŞEY

Şimdi çok uzak bir hatıra gibi o yaşadığımız
Boynumda bilmece gibi bir düğüm
Dört kısa günden bana
Bir garip sızı kaldı
Bir de deli özlemin

Ben senin gözlerinin
Yalan dolan bakışlarını bile sevdim
Ben sana bir annenin
Evladına duyduğu hisleri besledim
Ben senin bal gözlerinde
Dört kısa günde bilsen neler, neler gördüm
Sahte ile gerçeğin karmaşasını
Yine de sevgini özledim
Özledim ellerini, gözlerini
Ve yanık kokunu özledim

İnsan böyle bir duyguyu yaşarken
Gerçek yaşamla tüm bağlantıları kopmuşçasına
Ayakları yerden kesiliveriyor
Hoş, bir zaman bu bağlantısızlık da
Yaşam kadar gerçek ve doğal
Biliyor musun?
Belki iyi oldu ama biz yere erken indik
Şimdi yarım yaşanmış o şey
Boynumda düğüm

Dört kısa günden bana bu garip sızı kaldı
Bir de deli özlemin
"Dört günlük bir şey işte güzeldi, yaşandı ve bitti" diye düşündük
Oysa bir duygusal yük vurduk yüreklerimize
Kırılıp döküldük
Bir zaman gözlerimizde çiçek açardı
Biz her umudu söndürdük

Özledim çiçekleri
Sevdiğimiz ne varsa, her şeyi özledim
Özledim ellerini, gözlerini
Ve yanık kokunu özledim

GÜLLERİM SOLDU

Güllerim soldu kaldırımlarda
Gonca yüklü dallarıma ayaz vurdu
Demlerim oldu son akşamlarda
Bir nefeslik duraklarda çiçek açtım

Bir tek sana güvenmiştim
Öncem yoktu, sonram yoktu
Soyundum, sevinç giyindim
Sevinmek sanki bir suçtu

Hani her şeyindim ben senin
Hani kor dudaklındım
Hani karlarda açan çiçektim
Vazgeçilmezdim

ERGUVAN

Çoktan ikindiye yattı gün
Ağlarken ben geçmiş, gelecek, dün
Hatırlarken kaçırdım anı
Ben hep böyle ıskaladım zamanı

Rüzgâr gibi geçti canım ilkbahar
Ben ne yaptım açarken erguvanlar
Ben kâr, zarar hesap tutarken
Aya kaçtı uçurtmalar

Gemiler geçiyor penceremden
Yalnızlık el sallıyor güvertelerden
Martılar beyaz ve yırtıcı
Ve yorgun bu anlaşılmaz seferlerden

Sever mi, sevdiğin sever mi?
Aşk insanı hoş tutar mı?
Yeter mi tutsa, yeter mi?
Aşk yoksa kendini yutar mı?

BENİ UNUTMA

Bir gün daha yaşandı ve bitti
Küçük sevinçleri ve küçük kederleri ile
Herhangi bir gündü, çok önemli değildi
Seni düşündüğüm birkaç andan başka

Bilirim herkes payına düşeni yaşar
Ve her yeni günde değişir hep bir şeyler
Sen de kendi payından bir hatıra seç
Ne olur o ben olayım, beni unutma

Bilir misin seni gerçekten sevdim
Sevdiğim daha bir çok şeyin arasında
Bir tek seni seçtim hatıralar arasında
Sebep diye bir küçük mutluluğa

Beni unutma, unutma, beni unutma
Bilirsin unutulmak dokunur ya her insana
Sen de kendi payından bir hatıra seç
Ve o ben olayım unutma, beni unutma

AYRILMAM

Sona ermekte gün yine seninle
Akşamlar böyledir hep sessiz
Eşyalar başka yerde, ben bir yerde
Gölgen dolaşır gibi sanki peşimde
Işıkları yakın, nedir bu his?

Yokluğun da sen,
Ne varsa sen bu evde
Ayrılmam, sarılırım hayallere
Ayrılmam, sevişirim özleminle

Hava ağır sıkıntıda sokaklar
Sensin kaldırımlardaki bu iz
Alışmaya çalıştıkça öfke gibi
Hasret büyüyor kalbimde, sessiz sessiz
Işıkları yakın, nedir bu giz?

ALDIRMA DELİ GÖNLÜM

Her gün bir şey daha biter
Giderek acı vermez biten şeyler
Kayıtsız bir razı oluş başlar
Sıradan izler bırakır en tutkulu aşklar

Aldırma deli gönlüm, giden gitsin
Sen şarkılar söyle içinden, boşver!
Yalanlarla, yasaklarla
Yazılır hesabına günah günler
Bitmez bu son pişmanlıklar, ah!
Soluyor birer birer içimizdeki güller

SÖZ

Tutmuyor yerini hiçbir şey
Bir daha toplamıyor kaybeden
Bıkmıyor, dönüyor dünya
İşi bu, sormuyor bile neden

Dayandı kapılarıma aşk, yıktı indirdi duvarlarımı
Ama geldiği gibi gitti, beğenmedi kurallarımı
Geç kalanlar yarışında en ön saflardayım
Tanrı bile kabul etmiyor dualarımı

Gözümün yaşına bile bakma, memnunum ben halimden
Bu acıyı çektirmeden bırakmaz yakamı içimdeki göz
İnanırsam yıkanıp yunduğuma samimiyetle bir gün
O zaman dönebilirim başa yeniden tertemiz, söz

AFFET BİZİ HOCAM

Dünyanın bütün nimetlerini alın,
Bana çocuk gözleri verin.

O eşsiz saflığın penceresinden
Naif bir tabloda hatırladığım,
Şiirler boyu satırladığım,
Eskitilmiş hayatlar öğrenirim.

Ben bir öğretmenim,
Öğrenciliği bitmeyen!

BİR ÇOCUK SEVDİM

Bir çocuk gördüm uzaklarda
Gözleri kederli, hatta korkulu
Her şeye rağmen bir an gülümsedi çocuk
Sıcak, sade ama biraz kuşkulu

Bir çocuk sevdim uzaklarda
Sanıyordum ki onun özlemi de buydu
O ise bir bakışta beni örtülerimden
Yalnızca, yalnızca duygularıyla soydu

Ben böyle yürek görmedim, böyle sevgi
Şimdi çocuk büyümekte gün be gün
Bütün hüzünleri okşadı birer birer
Gizli bir ümide sarılarak, biraz küskün

Bir çocuk gördüm uzaklarda
Biraz çocuk, biraz adam, biraz hiçti
Ellerinde yaşlı zaman demetleri
Daha önce denenmemiş yeni bir yol seçti

Bir çocuk sevdim uzaklarda
Bir elinde yarın, öbür elinde dün
Erken ihtiyarlamaktan sanki biraz üzgün
Dünyanın haline bakıp güldü geçti

BİZ DAHA ÖLMEDİK

Uzanmış kucağına yarinin
Hiç farkında değil halimin
Bir elini öptürür, bir gerdanını of of!
Bize of çekmek düştü, kem talihim!

Salınıp yürür, rüzgârı alır arkadan
Sürünür ak tene zülüfleri, bakar yan yan
Hem nazlı hem niyetli, oğlan perişan
Hadisene evladım, hadi kör cahilim!

Serilir çayıra, çimene saz gibi
Zemheri ayında sarı yaz gibi
Kalbini bozmayan, bozar aklını of of!
Kalır deli divane enkaz gibi

Ah delikanlı çağlarım, deli çağlarım!
Bağıra çağıra geçtiler, ben ağlarım.
Ey kuru dallara can veren Allahım!
Biz daha ölmedik, bizi de gör!

DOĞUM GÜNÜN KUTLU OLSUN OĞLUM

Ne kadar çok acı var
Ne kadar çok ayrılık
Karanfili kopardılar
Yazık, çok yazık
İyi ki aşk var dünyada!
İyi ki aşk var dünyada!

Karanfil kalbimi vurdu
Aynaya bakamaz oldum
Uçurtmalar mateme durdu
Ben bir daha uçamaz oldum
İyi ki aşk var dünyada!

Doğum günün kutlu olsun oğlum
Hayat senin, iyi şanslar
Biz değiştiremedik dünyayı, affet
Elimizden akıp gitti yıllar
Yaşamak dediğin oğlum, zor sanat

DUA

Ne hükümran kalır, ne zulüm, ne de kin
Öz değil dostlar, öz değil bu biçim
Kulların kullara ettiğini etmiyor
En zalim harı ateşin
Bugün dua ettim hepimiz için
Yüce Tanrı bizleri affetsin

Ne para, ne pul, ne iktidar, ne de güç
Bu değil gerçek, bu değil gerçek
Bu kavga bir hayırsız düş
Uyanır neslim, uyanır elbet
Bugün dua ettim hepimiz için
Yüce tanrı insanı affetsin

DANSÖZ DÜNYA

Hiç kavga bilmez gülle yaprak
Hiç kıyar mı ağaca toprak
Bu kimin oyunu
İlk kim bozdu sonsuz uyumu

Kıvır, ziller elinde
Kıvır, yangın yerinde
Kıvır, öz paramparça
Kıvır, öz esir teninde

Dön dansöz dünya
Devam et ateş dansına
Yan gamsız dünya
Sığmadın aklıma

Vursun davullar, inlesin dünya
Yalnızlığını dinlesin dünya
Kıyamet gündesin dünya

EL ELE

Sözler yalan, bu güzel sözler
Korku giymiş bütün gözler
Ateşe durmuş üzgün yüzler
Yanıyor dünya, siliniyor izler

Sarı, siyah, beyaz yüzler
Çocuklar, çocuklar önce sizler
Ellerinizde gelecek günler
Yanıyor dünya, siliniyor izler

Gel, ellerini ver
Gönder, yüreğini gönder
El ele beraberce,
Belki de olur

ÇOCUK

Bir yerlerde bir çocuk doğdu
Sancısını içimde duyuyorum
Kimbilir kimin çocuğusun
Gözlerinde güneşi görüyorum

Gözlerinde hayat pırıl pırıl
Ellerinde ümitlerimiz var
Dünyanın tüm pisliklerine,
Sıkılmış o minik yumruklar

Kim olursa olsun anan, baban
Sorumluyum onlar kadar senden
Adını hiç bilmesem bile
Benim öz be öz çocuğumsun sen

Güzel bebek buram buram
İnsan, sevgi kokuyorsun
Bir küçük dünya gibi varlığın
Sırtında dünyayı taşıyorsun

CUMARTESİ TÜRKÜSÜ

Bekleye bekleye geçiyor günler
Gün sağır dilsiz, sustu bülbüller
Kemiğim, etim kapı önlerinde
Can kayıp, can kayıp!
Allah'ım bu nasıl bir dünya
Bu nasıl bir ayıp

Ben anayım
Yanmaz canım dışardan, kora koysalar
Ümidimi kaybedemezsiniz
Ölsem de, ahım tarihi karalar

GÜNGÖRMEMİŞLER

Tedavülden kalktı aşk
Üç ihtilal, üç kuşak
Fiiliyattan geçtim
Düşünmek bile yasak

Girmeyelim bu konulara
Bizden geçti, şışt! susak
Yedi onda dört, onda beş
Önümüz deprem yan basak

Kelimeler fistan giymiş
Salınıyor ağır aksak
Atı alan Üsküdar'ı geçmiş
Saadet bizden uzak

Kurtaracaktık olmadı
Çilemiz hâlâ dolmadı
Uymadı gitti bir türlü
Çarşıya evdeki hesap

Bize mi denk geldi, bize mi insaf?
Biz gördük yanmayı
Ölümüne zorlanmayı
İktidar atında şahlanmayı, horlanmayı
Her şart her koşulda,
Babalar gibi dayanmayı
Bizden sonrakiler gün görse bari

Her birimize değdi fesat
Dünya işleri kesat
Yuvarlanıp gidiyoruz
Halimiz eh işte, vasat
Bize denk geldi maalesef

KARŞIYIM

Bana sakın anlatmayın, inanmıyorum
Bu ezbere, bu demode cümlelere
Beni ikna edemiyor hiç bir cevap
Hiç aldırmıyorum bu gülmelere

Hadi versinler hadi cezamı razıyım
Hür doğdum, hür öleceğim
Ya efendisi olacağım kendi hayatımın
Ya bu yerden gideceğim

Karşıyım her şeye
Karşıyım alayına
Karşıyım var mı?
Rabbim adaletin bu kadar mı?

Atın ölümü arpadan, hadi gelin arkadan
Yarı yolda bırakan taş olsun
Aşk yoksa eğer, imzan batsın
Karılar, kocalar boş olsun

Gelemem dolduruşa
Hepi topu üç kuruşa tav olan olana
Bir daha kül yutmam
Dünya halini de anlar üzülürüm ama
Vallahi billahi kin tutmam

İYİ Mİ

Bu kadar dik tutma
Eğ biraz şu inatçı, asi başını
Sonuçlarına katlanamazsın
Dinle sen şu garip arkadaşını
Sanma ki dikecekler meydanlara
Heykelini, taşını
Kuş gibi özgür uçmaya kalkma
Seller geçemez gözyaşını

İyisi mi biz bu yürekleri tuzlayalım
O yasak, bu yasak, iyi mi?
Sarımsaklasak da mı,
Sarımsaklamasak da mı saklasak?
Aman elaleme göre bir yanlış manlış yapmasak
İcabında devekuşu, icabında karabatak

Aklın yolu bir, uyalım gitsin
Git işine sağ selamet
Çıkıntı olma, ezik ol
Eninde sonunda kopacak kıyamet

Sen kitap oku, dur
Yut sıkışınca yatıştırıcı hapları
Aşk maşk da palavra
Bu kadar işte insanın hakları

HÂKİM BEY

Şikâyetim var cümle yasaktan
Dillerimi hâkim bey, bağlasan durmaz
Gelsin jandarma, polis karakoldan
Fikrim firarda, mahpusa sığmaz eyvah

Gün olur yerle yeksan olurum
Gün olur şahım devr-i devranda
Kanun üstüne kanun yapsalar
Söz uçar, yazı iki cihanda eyvah

Sussan olmuyor, susmasan olmaz
Dil dursa, hâkim bey, tende can durmaz
Yazsan olmuyor, yazmasan olmaz
Kaleme tedbir koma, tek durmaz

VİTRİN

İçime attım ne varsa
Anlamaya çalıştım herkesi
Aşkı da sevdim, kavgayı da
Anlatamadım ki

Hiç korkmadım çelişkiden
Onaylanmayan ilişkiden
Ne çoğaldım övgüden
Ne azaldım yergiden

Hiç korkmadım yasaklardan
Korunmadım tuzaklardan
Kalktım güvenli kucaklardan
Hep denedim, bilerek göstermedim

Kendimi sakladım görmeyi bilenlere
Vitrinime değil, iklimime gelenlere
Deliyim aslında, Allah'ına kadar deliyim
Kalbimi vereceğim aslımı görenlere

YOLA ÇIKMALI

Söylersem anlar mısınız
Ben çıkamadım içinden
İzlenip fişlenmeler, maksat kolaylık

Arada ağlar mısınız siz de yerli yersiz
Gizlenip saklanmalar,
El mecburiyetten

Ah kelimeler dünyası züğürdün rüyası
İçinizden hanginiz cesursa
Öne çıksın hemen

Ama bence kaçın, düello bu
Kaçın, manasız!
Yarıştırılıp, yarıştırılıp
Yatıştırılırsınız
Yola çıkmalı hemen!

Ne isem, ne kadar isem kabullendim gitti
Hani yetebilseydim değiştirirdim vitrini
Azıcıkmışım, anladım görüp hissettikçe
Suyun, ağacın, toprağın bilgeliğini

KÜÇÜĞÜM

Küçüğüm, daha çok küçüğüm
Bu yüzden bütün hatalarım
Övünmem bu yüzden
Bu yüzden kendimi özel, önemli zannetmem

Küçüğüm, daha çok küçüğüm
Bu yüzden bütün saçmalamam
Yenilmem bu yüzden
Bu yüzden kendime hâlâ güvensizliğim

Küçüğüm, daha çok küçüğüm
Bu yüzden bütün korkularım
Gururum bu yüzden
Bu yüzden çocuk gibi korunmasızlığım

Küçüğüm, daha çok küçüğüm
Bu yüzden sonsuz endişem
Savunmam bu yüzden
Bu yüzden bir küçük iz bırakmak için didinmem

Ne kadar az yol almışım, ne kadar az
Yolun başındaymışım meğer
Elimde yalandan kocaman,
Rengârenk, geçici, oyuncak zaferler
Küçüğüm, daha çok küçüğüm

YALANCI DÜNYA

Hem okudum, hem yazdım
Bir düz durdum, bir azdım
Anladım ki birazdım dünyada
Bir duydum, bir duymadım
Kendi sesime uymadım
Yani ateşle oynadım dünyada

Bana ne, bana ne U dönüş yaptım
İmajımı yaktım, şak, şak, şak!
Ama ne, ama ne, çok şahane
Bir çalım attım, şak, şak, şak!
Yalancı dünya boğazıma kadar battım,
Ama ben de seni sattım

ÇAKKIDI

Buralardan hemen gidesim var
Yeniden başlamak hevesim var
Ne varsa attığım içime
"Cart" diye diyesim var

Katlanıyoruz herkes gibi malum
E açıklarımız, kaçıklarımız var
Ama hem kel, hem fodul takımını
"Hart" diye yiyesim var

"Çat" diye çatlamak üzereyim
Neresinden tutup da, düzeleyim
Ortağı olmuşum düzeneğin
Kendimi boğasım var

"Çat" diye çatlamak üzereyim
Neresinden tutup da düzeleyim
Ortağı olmuşum düzeneğin
Herkesi oyasım var

Aman be hadi gel, kaynaşalım kız
"Çakkıdı, çakkıdı" oynaşalım kız
Azıcık alttan, azıcık üstten
"Hoppidi, hoppidi" hoplatalım kız

Bunlar benim fikrim mi
Kısa metraj filmim mi
İrfanım mı, ilmim mi
"Yuh" diye sövesim var

Zihin oyunlarım mı
Resmi duyumlarım mı
Koyun uyumlarım mı
"Kah, kah" gülesim var

Hiç umut yok mu?
Her şey boş mu?
Dünya âlem dut gibi sarhoş mu?

YAZ GELDİ

Ne kadar çok acı çektim
Ne çok başladım yeniden
Çok da mutlu oldum, çok da sevindim
Geçtim hayatın çemberinden

Akıllı laflar öğrendim
Saçmaladım, eğlendim
Kanıksadım az çok, sermayeden yedim
Ama kaybetmedi aşk değerinden

Ay, yaz geldi
Sokağa çıkmak lazım
Bi kaç kural daha yıkmak,
Bi kaç yasak delmek lazım

Bu akşam meyhanelere gideceğim
Vuracağım şişelerin dibine
Kendi şerefime içeceğim
Ne istersem yapacağım, kime ne?

EVLENİLECEK KIZLAR

Evlenilecek kızlar var
Eğlenilecek kızlar var
Kim bu bize sormadan adımızı koyup
Sınıf sınıf ayıranlar

Anneni de böyle üzdüler oğlum
Canlarından bezdiler oğlum
Babalar dere tepe gezdiler oğlum
Hak mı, hukuk mu bu

Hadi ordan, hadi bize masal anlatma
Adalet istiyoruz tut, aklını oynatma
Hazır ol, isyan çıktı güzelim
Boş yere mercimeği fırına verip de kaynatma

Hadi güle güle git bakalım
Adamını bulacağız en hasından
Aleme de haber uçurduk
Dedik ki, "maçolar düşsün yakamızdan"

Yetti be öldük tasamızdan
Bıktık usandık yasanızdan
Verilmez, alınır hak
Siz çoktan yediniz bitti kasanızdan

Yuh sana, pes be adam
Bu devirde bile hâlâ ya
Hem evde, hem işte, hem de döşekte
Fazla mesai, oh ne ala ya!

Yapmıyoruz size nikah mikah
Talim terbiyeye şikâyet edin
İade-i itibar istiyoruz beyler
Kavgaysa kavga, buyrun gelin!

BEN ANNEMİ İSTERİM

Dağda belimde odun, beni ne hale kodun
Tarlada ırgat avrat, hanede hazır hatun

Bir uşak göbeğimde, altısı eteğimde
Yedi bitirdi beni anandaki o çene

Dünyanın gailesi yetmezmiş gibi bir de
El ayak çekilince, sen bitersin dibimde

Uy çalsın kemençeler de, ben bir horon tepeyim
Çatlasın kaynımgiller, bari kurtlarım dökeyim

Fındığı ben toplarım, kırması sana düşer
Uy ellerin iyisi, geh geh gerinip şişer

Üşüdüm senden, baba ocağı gözümde tüter
Uy adaletsiz dünya, gücün hep bize mi yeter

Bir bezden bebem vardı, bohçamda hayallerim
Kızlığım yarım kaldı, ben annemi isterim

DÜĞÜN

Parada, pulda gözüm yok inan baba
Eloğlu kıyar gülünün fidanına
Olur a dara düşerim, ihtimal
Baba kapıyı kapatma
Olur a dara düşerim, ihtimal
Gülüne su ver, unutma

Kınalı gelin uçuyor yuvadan
Günü, saati biliyor yaradan
Duvağım, telim, kırmızı kemerim
Dileğim bir kız, bir oğlan

Olur a dara düşerim, ihtimal
Baba kapıyı kapatma
Olur a dara düşerim, ihtimal
Gülüne su ver, unutma

Vurun davullar, güm be de güm güm!
Geçer mi geçer ah sayılı gün
Hem ağlarım, hem giderim bahtıma
Ne çıkarsa kabulüm

Olur a dara düşerim, ihtimal
Baba kapıyı kapatma
Olur a dara düşerim, ihtimal
Gülüne su ver, unutma

SARI ODALAR

Ben senin hayatından gittim oğlum
Hadi yerime koy birini, koyabilirsen
Ben senin hayatından gittim oğlum
Hadi dur o sarı odalarda, durabilirsen

Ben "sen, sen" diye bittim oğlum
Hadi bakalım unut, unutabilirsen
Ben seni yudum yudum içtim oğlum
Hadi ol eskisi gibi, olabilirsen

Uzak benden aşk, uzak artık
Kanun mudur bu yasaklık?
İnan, içimde yok fesatlık
Alırım başımı giderim efeler gibi, hey!

SENİ YERLER

Sen bizim mahalleye geldin geleli canım
Bizde ne akıl kaldı ne de fikir, bittik
O endam, eda nedir öyle, hey yavrum
Kaç yıllık arkadaşlar birbirimizi sattık

Ben sokak kedisi gibi sürtünüp yerde
Komşunun kızı kampta, sporda, stepte
Terzi Mukadder satıp, savdı malı mülkü
Gizlisi saklısı kalmadı, topumuz niyette
Ye! Çıtır çıtır
Ye! Kıtır kıtır, ye!

Hey! Seni yerler yerler
Seni "ham" yapar bu zilliler
Yaylanmadan yürü
Yoksa günah bizden gider

Bu kadar cilvelisi olur mu be erkeğin?
Delikanlı mısın, kız mısın?
Anlıyalım artık, hop usta!
Sen başımıza bela mısın?

YAKIŞIKLI

Fazla düşünme, ne fark eder
Bir kere olsun bu dans
Kavra belimden çevirip döndür beni yeniden

Ne sen bana sun kendini
Ne ben sana
Olacağı varsa olur muhabbetler kendiliğinden

Öyle özenle seçilmiş sözler arayıp, tarayıp, buluşturma
Ona buna sorma beni
Eş, dost, ahbap aracılığıyla soruşturma
Hey, yakışıklı!
Hey çıkalım mı?

HOVARDA

Hüküm giymiş hayaller görünmez uzaklarla
Günah bunun neresinde, sarıldık tuzaklarla
Yine de aşk boyun eğmez yasaklarla

A ciğerim söyle neyleyelim
Sevmeyelim de taşa mı dönelim
Bu yüreği kimlere gösterelim
Kimbilir kimdir aşk ile yanan

Sen arada sırada uğra bana
Hovardayım diye kıyma bana
Fikr-i firardayım, uyma bana
Oyuna gelme aman aman

HEPSİ SENİN Mİ

Başkası olma, kendin ol
Böyle çok daha güzelsin
Ya gel bana sahici sahici
Ya da anca gidersin

Anasının kuzusu
Ciğerimin köşesi
Kız bu neyin cakası
Kız hepsi senin mi?

Oynama şıkıdım, şıkıdım
Ah yanar döner, a-acayipsin

Ne deli ne de divaneyim
Biliyorum sonunu
Sanma uğruna viraneyim
Beğenmedim oyununu

Oynama şıkıdım, şıkıdım
Ah yanar döner, a-acayipsin

Hadi kasıl, hadi hadi kapris yap
Hadi ben çekerim razıyım
You are the best, you are the top
Hadi emrine amadeyim

ŞINGIRDAK YARİM

Niye döndün sözünden şıngırdak yarim
Ayırmazdım özümden fingirdek hallim
Fiyakam gitti elden, beni dize getirdin
İtibarımı söze, göze getirdin

Hangi hain yoldan çıkardı seni?
İki paralık ettin değerini
Yazık değil mi, günah değil mi?
Ayıp değil mi? Yürüdü aklım
Hem vallahi hem billahi,
Yıkarım köşkleri te bismillahi

AŞKA YALAN DEDİRTMEM

Ufak tefek yaramaz yarim
Aralanmış utanmaz, entarin
Fıkır fıkır kaynatıyor
Kalpleri hop hoplatıyor halin

İster günahınla gel
İster dikenli tel
İster arınıp tenden
İster teninde tuzlu ter

Yürürüm senle isyankâr hedeflere
Sığınmam kaçak, garanti sebeplere
Sana haram dedirtmem

Dünya evine, ahiret gününe
Yerin dibine girerim de
Yine seni yasaklara yedirtmem

Veririm senle verilmez hesapları
Tanımam yakıp yıkıcı maksatları
Aşka yalan dedirtmem

ŞIMARIK

Takmış koluna elin adamını
Beni orta yerimden çatlatıyor
Ağzında sakızı şişirip, şişirip
Arsız arsız patlatıyor

Belki de bu yüzden vuruldum
Sahibin olamadım ya
Sığar mı erkekliğe, seni şımarık
Değişti mi bu dünya

Çekmiş kaşına, gözüne sürme
Dudaklar kıpkırmızı, kırıtıyor
Bi de karşıma geçmiş utanması yok
İnadına inadına sırıtıyor

Biz böyle mi gördük babamızdan
Ele güne rezil olduk
Yeni âdet gelmiş eski köye, vah!
Dostlar mahvolduk

Seni gidi fındıkkıran
Yılanı deliğinden çıkaran
Kaderim püsküllü belam
Yakalarsam...

Ocağına düştüm yavru
Kucağına düştüm yavru
Sıcağına düştüm yavru
El aman!

SAKİN OL

Of! Bu ne sinir, bu öfke
Aman bir telaş, bir acele
Herkes birbirini boğacak
Bu gidişle sonumuz ne olacak

Kimi takmış alaturkaya
Kimi batıdan şikâyetçi
E ne var sanki bunda kızacak
Dünya hali bu, gelip geçici
Hişt, hişt! Sakin ol
Sinirlerine hâkim ol

Kimi lahmacundan utanır
Kimi her önüne gelene gıcık
Ya uzak herkes birbirine
Ya ilişkiler vıcık vıcık

Kimi entellere düşman
Kiminden cehalete prim
Bu ne manasız didişme
Kimse kimseye bir şey öğretemez, mirim!
Hişt, hişt! Sakin ol
Sinirlerine hâkim ol

Ölümlü dünya, ölümlü insan
Ha alim olsan ha zalim olsan
Herkesin doğrusu en doğru
Herkesin lafı bir hikmet
Sıradan şeyler de konuşalım
İş mi yani birbirimizi yemek

İlle de kusursuz olmalı
Hata yapmaya da hakkımız yok
Üçüncü şahıslar için herkes sancılar içinde
Bu kadarı da çok

HOMİNİ PUFİDİ TUMBA

Oturalım arkadaşlar
Dinlenelim artık biraz
Esneyelim uzun uzun
Ne manasız şey çalışmak

Hayat hoş, gerisi boş
Haydi yeşil kırlara koş
Sana ne dünya halinden
Sen az kudur, habire coş

Homini de gırtlak
Pufidi kandil
Tumba yatak!

Konuşalım arkadaşlar
Mangalda kül kalmasın
Atalım, tutalım biraz
Ya yutarlar ya yutarsın

Sallayalım arkadaşlar
Ki duyanlar şaşakalsın
Yalandan kim ölmüş sanki
Mevlam seni çayıra salsın

Homini de gırtlak
Pufidi kandil
Tumba yatak!

Ağlayalım arkadaşlar
Arada bir rahat batsın
Dört yanımız tavernalar
İki çalkalar, rahatlarsın

Homini de gırtlak
Pufidi kandil
Tumba yatak!

ÇALKALA

Hepimize iyi kötü bir şeyler oldu
Bir sana olmadı, hayret
Sen gerine gerine dolaşırken
Biz hayat kavgasında, ha gayret

Biz elimize yüzümüze bulaştırdık
Azıcık yoldan çıkınca
Sende hasar 'sıfır' maşallah
Dağları, çamları bile yıkınca

E bize de öğret, etme günahtır
Duvar kovuğundan çıkmadık
Bizim de anamız, babamız var da
Bu yolları hiç çakmadık

Çalkala hadi adamım
Devrine, durumuna göre çalkala
Hadi kitabına uyduralım
Ele, âleme karşı zevahiri topla

Seni lapacı!
Seni yıkamacı, yağlamacı!

YAŞASIN KÖTÜLÜK

Aaa... Bayram değil enişte
Aaa... Öptürmeyeceğim, oh işte!

Siz hiç barış olmasın diyen duydunuz mu?
Sevgiden söz etmeyeni buldunuz mu?
Bu kelimeler ne güzel, ne tatlı şeyler
Siz kalben dezenfekte oldunuz mu?

Yemezler, yemezler, ona öyle demezler
Daha bu bir şey değil, bunlar iyi günler
Bal gibi yürür lafla peynir gemisi
Yürümeyeni öpe öpe yürütürler

Ağzıma acı biber sürün benim
Sürmezseniz daha söylerim
Çatlarım söylemezsem
Vakitsiz ölürüm

Tersini söylersek
Belki de olur yüzü
Biz dağıtmazsak
Dağıtacaklar sürümüzü

Dizildik sıra sıra
Uygun adım, bölük bölük
Sıkıldık iyilikten
Yaşasın kötülük!
Aaa... Bayram değil enişte
Aaa... Öptürmeyeceğim işte!

Siz kendi içinizi hiç temizlediniz mi?
Sizde sizden kaç tane var, izlediniz mi?
Korunmatik, savunmatik birer makineyiz
Siz makinenin ruhuyla yüzleştiniz mi?

ADEM OLAN ANLAR

Ben bu dünyaya bir türlü alışamadım
Bu yüzden insan içine karışamadım
Bana mı sordunuz adımı koyarken
Bir küstüm, bir daha barışamadım

Uyumlu faniler bana uyumsuz derler
Delirttiniz beni ey ehven-i şerler
Uzlaşırsam namerdim, ateşe verseler
Garanti muhabbetlere yılışamadım

'Ha' desem olmaz
'A-ah' desem olmaz
Birine uysa
Öbürüne uymaz

Yalelli yalelli yalelli, o zaman

Sürüden ayrılanları kurtlar yer
Arkanı sağlama al ey akıllı beşer
Ben çatlarım kurallara uyarsam eğer
Ruhumu şeytanla bölüşemedim

Herkesin münasip birer dayısı var
İnsanoğlu bu iyisi, ayısı var
Benim zarar bildiğim elaleme kâr
Adamını bulup da uyuşamadım

Ben seni de sevmedim adem
Doğruyu duymak istiyorsun madem
Alt tarafı bir elma yedik beraber
Zehir zıkkım oldu bize bal badem

YASA

Bir zaman şahindim
Yükseklerdeydim, indim
Ne kadar dalgalıydım
Rüzgârlıydım, dindim

Yatıştı öfkem
Kadir kıymet bildim
Sevdiğimi söylerken
Samimiydim

Sen beni boşver, kendini dinle
Değişir her şey yasa böyle
Arama sorma beni, tamam
Yok yere kalbini yorma
Aman iyiyi, kötüyü göze almadan
Sakın ha gelme

Fark edersen eğer
Hemen her şeyi bırak, gel
Dünya işleri dursun
Ne boş telaşmış meğer

Bana sorarsan eğer
Her hayat bir roman
Gel, sen de olma
Geç kalanlardan

MED CEZİR

Dökülür yedi verenler teninden
Rengârenk açarsın mevsimli mevsimsiz
Bir tanem değişir kokun,
Isınır kanın beni yakarsın
Vazgeçilir gibi değil bu med cezirler

Tutuşur geceler yanar, geceler söner
Bedenim altüst, sarhoş başım döner
Karışır terime karışır terinin tuzu birtanem
Vazgeçilir gibi değil bu med cezirler

Fırtınam, felaketim, hasretim
Yetmiyor sevişmeler, yetmiyor
Şiddetin ne hoş, ne güzel şefkatin
Sevdikçe sevesim geliyor

Ölene kadar peşindeyim, bırakmam...

TUTUNAMADIM

Senden sonra ne tam mavi,
Ne tam sarı olmadı
Hafif bir söz gibi belki, ama öyle
Yerin dolmadı

Ben şansımı zorladım ayakta kalmak için,
Tutunamadım
Tutunamadım şiirlere, şarkılara
İzimi sürer sesin
Ben nereye sen oraya

Tutunamadım,
Tutunamadım doğduğum şehirlere
Önüme düşer gölgen
Sen nereye ben oraya

Senden sonra gönül gözüm bir daha görmedi
Hep söyledim, ben yaşadım
Aşk vardır, aşk ölmedi

RENGÂRENK

Rengârenk şiir sözlüm,
Kiraz dudaklım, temizim
Hiç üzülmedin mi söyle, incinmedin mi?
Öfke biriktirmedin mi?
Dupduru nasıl kaldın böyle
Çiçeğim, seni aşkla sulamalı özenle
Canım, canım, canım!
Sen bana mı sakladın kendini
Bilerek bir gün bulacağını
Yüreğinin ikizini

Su akışı gözünün bakışı
Yüzünde içinin aşk nakışı
Ne savaşlar gördün de sen,
Kendinle ne çarpıştın
Yine de kimseyi üzmeye kıyamadın mı, canım?
Çiçeğim, seni aşkla korumalı özenle...

İKİNCİ BAHAR

Gamze gamze bir gülüver şimdi
Beni göğsüne alıver şimdi
Mevsimi geldi, susadım aşka
Benimle bir bütün oluver şimdi
İkinci bahar yaşıyor ömrüm
Gel, benim yarim oluver şimdi
Seni gül gibi öpe koklaya
Gözümden dilimden sakınır saklar
Bugün ki aklımla severim şimdi
Şiirler şarkılar söyleyerek
Mehtabı birlikte seyrederek
Benimle bir rüya kuruver şimdi

İSTANBUL İSTANBUL OLALI

Uzanıp Kanlıca'nın orta yerinde bir taşa
Gözümün yaşını yüzdürürüm hisara doğru
Yapacak hiçbir şey yok, gitmek istedi gitti
Hem anlıyorum, hem çok acı
Tek taraflı bitti

Bir lodos lazım şimdi bana, bir kürek, bir kayık
Zulada birkaç şişe yakut, yer gök kırmızı
Söverim gelmişine geçmişine ayıpsa ayıp
Düşer üstüme akşamdan kalma sabah yıldızı

Ah! İstanbul, İstanbul olalı
Hiç görmedi böyle keder
Geberiyorum aşkından
Kalmadı bende gururdan eser

Ne acı, ne acı insan kendine ne kadar yenik
Bulunmadı ihanetin ilacı yürek koca bir kara delik
Yapacak hiçbir şey yok, gönül bu sevdi
Yeni bir ten, yeni bir heyecan, bilirim üstelik

ŞEN ŞARKI

Aşkım "günaydın" de yeni güne
Yay gibi gerginsin, çözül biraz
Bitmez dünyanın derdi, ertele
Kurulmanın hiçbir faydası yok, relax!

Bırak, güneş ısıtsın içini
Bak baharlar açmış beyaz beyaz
Öyle olmasa da sen öyle farzet
Bakarsın umduğundan iyi geçer yaz

Of! Sıkıldım, sıkıldım uçmak istiyorum
Yalınayak yere basmak istiyorum
Ne eksiğimiz var çiçekten böcekten
Tabiat misali coşmak istiyorum

Sıkıldım, sıkıldım kaçmak istiyorum
Yalınayak yere basmak istiyorum
Ne eksiğimiz var çiçekten böcekten
Ben de onlar gibi coşmak istiyorum

Aşkım her şeyi yokuşa sürme
Olursa olur olmazsa olmaz, bu şans
Herkesin durduğu yer dünyanın merkezi
Empati, sempati yani tolerans

ERKEK GÜZELİ

Gözlerim gözlerine kitlenir
Doyamam seyretmelere seni
Özlerim, birkaç saat fazla gelir
Yağızım, yiğidim, erkek güzeli!

Gel de eğ, eğ şu asi başını
Kaçırma, gel, şu olgun yaşımı
Anladım korkunu, telaşını
Görünce çakmak çakmak yeşillerini

Seni pamuklara sarmalar sararım
Ne bedel isterim, ne hesap sorarım
Ne sitemle güzel kalbini yorarım
Sakınma tatlı dillerini

Ben yazdım, ben bozdum
Kaç sevdayı gezdim
Aşkın aslını sezdim
Hadi gel, al sonuna kadar
Sonuna kadar al!

ANADİLİM AŞK

O bir yalnız, o bir 'kendine has'
Önlenemez, durdurulamaz
O hepimizin efendisi
Elinden kalbi olanlar kurtulamaz

O bir özgür, o bir kahraman
Dün, bugün, yarın her zaman
O bir kural yıkıcı, yasak delici
Onun adı "aşk", gerisi yalan
Yan, sevmediğine yan
Yazık onca zaman, isyan isyan

Oyalama kendini, sen bittin
Teslim bayrağını çektin
Ey kalbim aşkına sağlık
Anadilimi bana sen öğrettin

Çabalama boşuna, hiç mümkünü yok
Sen onu ıslah edemezsin
O bir bohem, o bir isyankâr
Onu ehlileştiremezsin

Provası yok, antresi ani
Yazıp bozup temize çekemezsin
O bir kaçık, o bir utanmaz
Asla kontrol edemezsin

İMANSIZ

Bana söz verdin, yemin verdin
Ölünceye kadar helaldin
Hangi kitaba sığar bu ihanet
Söyle, kendini kime verdin

Sokağım boş, evim ıssız
Ne güneş var, ne de yıldız
Senin gözün dışarda ne diyeyim
Allahından bul, imansız!

Tutuşup yan, küle dön
Yok bu da yetmez, mum gibi sön
Hayır, hayır ah kıyamam
Ben öleyim, yeter ki dön

Hangi kitaba sığar bu ihanet
Söyle, kendini kime verdin
Ah! Bize bu dünyada saadet nasip değilmiş
Ah! Bu aşk dedikleri ne yenir, ne içilirmiş

ALDATMA

Unuttum ne var ne yoksa
Kötüyü sildim ben, sen de sil
Koca bir masal bu dünya
Belki de tamamı rüya, bil

Her şeyi affettim çoktan
Ve çıktım karanlığımdan, gel
Anladım her şey daha az değerli
Arkadaşlıktan, aşktan

Sen benim aynam gibisin
Ben senin cama yansıyan aksin
Ayrılık, kavga, nefret, aşk
Ve gülüm, ölüm hepimiz için

Ama beni aldatma
Kimseyi aldatma
İhanet onarılmaz
Ne olur aldatma

Acıyor, aldatma
Değmiyor, aldatma
İhanet onarılmaz
Öldür ama, aldatma

İHANET KALBİME KÖTÜLÜK KOYDU

Eğilip üzerime, bakıyor
Balkonuma komşu akasya
Susuyor, sustukça susuyor
Ben avaz avaz eşyayla boğuştukça
Duruyor, o öylece duruyor
İhanet kalbime kötülük koydukça
Yakıyor gecelerimi, yakıyor
Deliriyorum, battım battıkça

Söyle!
Aldattın mı, aldattın mı?
Öpüştün mü, seviştin mi, yattın mı?
Uyudun mu el koynunda?
Sonra, mahmur mahmur kalktın mı?
O zaman neye tutunup kalalım ayakta?
O zaman, ne mana kaldı hayatta?

HER ŞEY ESKİR

Gördüm, gözümle gördüm
Günden güne bittiğini
Hissettim koynumdayken
Başkasına gittiğini

Eyvah! Ben şimdi öldüm
Anlayınca benden geçtiğini
Hatıranı kalbime gömdüm
Fark edince onu seçtiğini

Hiç huzur yok mu bu dünyada
Boş yere mi yanıyoruz biz
Mutlu olan var mı sevip de
Bela mı arıyoruz biz

Neyse ki unutulur, unutulur
İnsanın kaidesi budur
Her şey eskir, her şey eskir
Eşya bile yorulur

SENİ KİMLER ALDI

Yürüyorum hasretin, acının üstüne
Sığmıyorum dünyaya, dar geliyor
Geceler mi uzadı, bu karanlık ne?
Gönlümün bayramları, şenliği söndü

Deli gözlerin gelir aklıma
Gülüşün, öpüşün, iç çekişin gelir
Seni kimler aldı, kimler öpüyor seni
Dudağında, dilinde ellerin izi var

BU GECE SON

Bu gece son
Biraz sonra bu kapıdan son kez çıkıp,
Yine kendimi vuracağım yollara
Kimbilir kaç kere ıslanacak yüzüm

Elimi tut, düşman olma
Ne olur parça parça olmasın içimiz
Mutlu ol, iyi bak kendine
Ne olur gözüm arkada kalmasın
Uzun uzun seneler var önünde
Gün gelir sevgilim, acıya alışırsın

Bu gece son...

KAN TUTMUYOR

Kızmadım ama
Kırılmadım ama
Kararlıyım, olamaz artık
Yazmadım ama
Bozmadım ama
Zararlıyım, yaramaz artık
Sormadım ama
Söylemedim ama
Anladım ki kan tutmuyor
Doyamadım sana
Hiç kıyamadım sana
Ama sınırlarımı zorluyor
Alttan alsam, üstten alsam
Kuralına göre oynasam oyunu
Çok belli nereye gittiği olayın, olmuyor
Bir adım sen gelsen, bir adım ben
Ortada buluşalım eğer istersen
Dedim ama asgari müşterekler uymuyor

Netice muhtelif arayla
Karartma günleri sırayla
Acıyla arkadaş misali
Çekilmiyor ki aşk kur'ayla

GİT

Madem ki istiyorsun öyleyse durma, git
Beni düşünme rahat ol, yalnız kalabilirim
Sen de bilirsin hiçbir acı sonsuza dek sürmez
Hatta her an yeniden sevebilirim

Olmazdı ben de biliyorum
Haklısın, haydi git
Korkma, seninle gerçekten dost olabilirim
Aslında ben de uzun zamandan beridir sana,
Ayrılmak istediğimi söylemedim
Haydi git!

İkimiz için de doğru olan böylesi, git
İnan bana, sandığın kadar üzgün değilim
İçimde yepyeni bir hayata başlamanın
Sevinci ve heyecanı var artık, git
Haydi git!

Git... git... git... me dur, ne olursun
Gitme kal, yalan söyledim
Doğru değil, ayrılığa daha hiç hazır değilim
Aramızda yaşanacak yarım kalan bir şeyler var
Gitme, dur daha şimdiden deliler gibi özledim

GEL KIYMA

Özledin mi? Öyleyse kalk, gel
Bırak artık kim ne derse der
Yasak, günah, hayat elden gider

Onların kendi hikâyeleri yok
Onlar sadece seyirci dünyada
Aşksız, yaşsız, hasarsız bir diyarda

Sen seç
Ben söyledim gitti son sözümü
Ölmem artık
Bu pişmanlar ordusuna dönmem artık

Gel kıyma, gel duyma
Sen de bu mutsuzlar kervanına uyma

ATEŞLE OYNAMA

Sevgilim sen ve ben
Sevgiden çok farklı şeyler anlıyoruz
Sen güce, bense aşka âşığım
Bu yüzden anlaşamıyoruz

İçimde koskocaman bir yer
Sana da, başkalarına da yeter
Bu yürek aşkla ölür bin defa
Bin defa doğar aşkla yeniden

Gelir, geçer ne sevdalar
Değişir her şey, değişir insan
Seneler sonra utanır herkes
Bu boş, anlamsız, küçük oyunlardan

Ateşle oynama, ateşle oynama
Sonunda ellerin, dillerin yanacak
Dilersen gel beni bir kere daha vur
Vurduğun yerlerde güller açacak

Sevgilim anlamsız bu savaş
Savaşlardan daha güçlüdür aşk
Bitecek kavgalar, bitecek bu hayat
Sevgilim bizi aşk kurtaracak

BİR DİLEK TUT

Hadi bir güzellik yap da efendi gibi git yoluna
Git istediğini sev, istediğini al koynuna
Aşk değil bu, can çekişmek ne uğruna
Nihayet demir attım kalbi kırıklar koyuna

Mutlu aşk yoktur
Sevenler ateşe yürür bile bile
Bir dilek tut bari benim için
Sadece huzur dile

Dün sabah saksılara sakız sardunya ektim
Sigarayı bıraktım, temiz havayı içime çektim
Resimlerimize baktım, bir sade kahve içtim
Düşündüm ki dünyaya gelirken de tektim

ŞANIMA İNANMA

Benden çekiniyormuşsun
"Bana göre değil hiç" diyormuşsun
Çok baskın, çok iddialı
Fazla popüler buluyormuşsun

Peki, benim de bir kalbim olduğunu
Senin aşkınla dolduğunu
Göz göze gelince mahvolduğumu
Gerçekten mi görmüyorsun?

Sabredemiyorsun
Fark edemiyorsun
Hissedemiyorsun
Garanticisin, korkuyorsun

Gerçeği gözden kaçıran yarim
Eğriyi doğruyu şaşıran yarim
Aşkımla ruhunu şad ederken
Sonunda sabrımı taşıran yarim

Seni anlamıyor değilim inan ki
Yaşamak değil, esaret sanki
Hadi benim kendi seçimim sonuçta
Gülü seven dikenine dayanır yani

Bu durumda kalbine danışacaksın
Neye, nereye kadar katlanacaksın
O kadar aşkın varsa, hemen gel
Kalbimde karargâh kuracaksın

Görünüşüme bakıp da
Sen beni sakın ha cin fikirli sanma
Hani yağmasan da gürle benim durumum
Çalımıma aldanma

Okurum, yazarım, konuşurum,
Kelimelerin efendisiyim amma
Aşka gelince eni konu safım
Sen şanıma inanma

BAŞKA BAHAR

Sevgilim, canım yandı çok
Hayat yüzünden, senin suçun yok
Ben öğretilenlere hiç karşı koymazdım
"Hayır" demezdim
Adanmış aşklar yaşar hep, "ölürüm" derdim
Ama ölmezdim

Şimdi başka bahar
Gönül, gün ışığı gördü
Şimdi aşklar kadar
Kalp kendine döndü

Hadi gel, yeniden buluşalım
Bir daha barışalım senle
Küsmeyelim hayata asla
Hadi gel, anlaşalım

Her insan biraz romandır, kahramandır, biraz yalandır
Gün gelir anlar ki en çok harcadığı şey ah zamandır
Vakit tamam, yollara düştüm
Elbet benim de hikâyem vardır

GEL BARIŞALIM ARTIK

Yok mu?
Senin insafın yok mu?
Bir güler yüzün çok mu?
Dağ mısın, taş mısın?

Uzak mı?
Bu eda, bu hal tuzak mı?
Hak mısın, bana yasak mı?
Dost musun, düşman mısın?

İki gözüm seneler geçiyor
Gönül ektiğini biçiyor
Bir selam lütfet
Bu ne çok hasret
Gel, barışalım artık

Canözüm bahar geldi
Dalları kiraz bastı
Yedi kat eller yakınım oldu
Gel, kavuşalım artık

İSTER GEL İSTER GELME

Bu görünenler gerçek değil
Bu sözler doğruyu söylemiyor
Ne sen özgür, ne ben özgür
Kimse kendini sevmiyor

Bu kavgalar kavga değil
Seve seve uğruna ölünmüyor
Aşksızlıktan perişan
Yüreğin sancısı dinmiyor

Başkalarına göre her şey a canım
Ah küstürüyorlar yine aşkı
Ben göze aldım reddiyeleri bak
Sendeki sureti, bendeki aslı

İster gel, ister gelme
Sevdam beni terk etmez
İster sev, ister sevme
Fark etmez

SEN DE Mİ

Sen de mi söyle sevgilim
Sen de mi gidiyorsun
Sen de mi beni bu dünyaya
Teslim ediyorsun

Sevmeler beklentiler giyinmiş
Ezberimdeki çok eski bir şiirmiş
Kaldırılmış aşklar, kaldırılmış yeryüzünden
Denizler çoktan bitmiş

Hayır, hüküm değil
Kanun değil bu, hayır
Boşluğa fırlattım sevgimi
Alan, alır!

Gel haydi, ne olur
Gel kalbimi biraz okşa
Bu son an değil, lütfen
Lütfen biraz yavaşla

Kandırılmışız, yazık ki kandırılmışız
Bu her şeyi yakıp yıkan
Yok eden gururlar düşman,
Dost değil

ZORLAMA

Bırak beni artık
Benden hiç hayır yok sana, gel vazgeç
Bundan sonrası sürüklemek bir ihtimali

İlk günleri unutamıyor insan
Bu yüzden alışamıyor yeni duruma
Vuku'undan sonradır olayın intikali

Zorlama, zorla güzellik olmuyor
İnsan oğlu doymuyor
Ki ölüm ayrılık kadar koymuyor

Ben unuttum çoktan mutlak mutluluğu
Gelen hoş geldi
Azı kaldı, gitti çoğu

ADAMLARIN ADAMI

Bu yaz güneş biraz daha eksik
El ele verin azaldık
Yine o tanıdık serinlik
İşimiz çok zor

Bu yıl herkes biraz daha korkak
Bu ne çaresizlik, ah yandık
Dayan yürek, dayan
Giderek işimiz çok zor

Ah koca oğlan oyun ettin
Bu iş burada bitmez
Söylenecek çok söz kaldı
Sana bir ömür yetmez

Ah nerelere gittin aman, söyle
Bu ayrılık ne yaman
Söyle, adamların adamı
Uykuda mısın?

KARA AĞAÇ

Yar, gidiyor musun?
Gitme, içimde bir korku var
Biliyor musun?
Böyle başlar ayrılıklar

Gel biraz kokunu bırak
Baharımı al, soğuktur oralar
Ağlıyor musun?
Ağlama! Hayırlar, uğurlar...

Gurbete giden döner mi, dönmez mi?
Belli değil bilirim
Ben bir kara ağaç gölgesi buldum
Cebimde ümitlerim

OYALANMA

Hoyrat ve şaheser bir masala inanmak
Her yeni güne iştahla uyanmak, yaşamak doyasıya
Haylaz zamanın aleyhine tartısında,
Can havliyle çizginin artısında yaşamak kıyasıya

Gül söylemez gizini
Güvercin kaybeder izini
Akarsu bulur denizini
Havai fişeklerle hayatı kutlarsın

Bu ne yalnızlıktır
Bu ne sonsuz bir çoğalmak
Onca sınanmaya rağmen
Akıl oyunlarıyla oyalanmak

Ey aşk! Sen olmasan
Ne kalır hikâyeden
Ey aşk! Sen var ya sen
Her şey sana mağlup hükmen

AYLARDAN MAYIS

Gün dökülür gözüme, uykusuz
Gel artık, gel beni üzme
Ararım, tararım, bulamam
Bir çare, bir teselli bu hüzne

Sanki biri arkamdan itti
Bir çift yeşile aktım
Aylardan mayıs, günlerden hıdırellez
Bir erkeğe adak kendimi yaktım

Ben o gün bugündür iflah olmadım
Canım sıkıntıda, yüreğim darda
O gün bu gündür yere göğe sığmadım
Aklım kaldı o hain yarda

LALE DEVRİ

Çok geç kalmışız canım
Vakit bu vakit değil
Eski radyolar gibi
Çatıya saklanmış aşk

Öyle sanmışız canım
Artık ölümsüz değil
Leyla'yla mecnun gibi
Çoktan masal olmuş aşk

Lale devri çocuklarıyız biz
Zamanımız geçmiş
Aşk şarabından kim bilir
En son hangi şanslı içmiş

Ben derim utanma, iftihar et
Sevmeyenler utansın
Aşksızlığa mahkûm edildiyse
Bu dünya yansın

USLANDIM ARTIK

Niyet var, gel gör ki hayat yok
Ben benden geçtim vakitsiz
Ne eşten dosttan bir haber var
Ne sevgililerden bir iz

Uslandım artık, uslandım artık
Dilde var, dilberde yok
Ah ışıldarken paslandım artık
Dertliyim, dertliyim çok

Kollarımda hatıralar misafirsiz bir handa
Durur takvimde tüm zamanlar yakamda iki cihanda
Ne hal kaldı ne mecal
Son ihtimal firar bu canda

RASTGELE

Bir gül bıraktım gün batımında suya
Gül sere serpe uzandı kuytuya
Yüreğim güvercin, vakit alacakara
Rastgele deli gönül hatıralara

Feryat feryat geçiyor içimden yıllar
İki gözüm iki kara bulut, ağlar
Tenhalarda demleniyor dilsiz
Kırık dökük sevdalar, sırlar

Denizim içimde, rüzgârımın gülü yok
Bir ben seferde, başka yolcu yok
Yansıdı cama kırmızı bir hüzün
Bir güvertede okuldan dönüşüm
Yüreğim güvercin, vakit alacakara
Rastgele deli gönül hatıralara

KADERİM

Az gittim, uz gittim
Eğri gittim, düz gittim
Yar "sen, sen" diye bittim

Uçurum gözlerinde
Açık saçık sözlerinde
İhanet yüzlerinde yittim

Kaderim kastın mı var
Ya sen gel, ya beni aldır
Yeminin, ahdın mı var
Hasetten yüreğim hardır

Ya bu ateşi söndür
Ya beni öldür
Ya da bu kalbi
Bu bedenden sür

ALATURKA

Gece inerken
Söner perde perde gurubun rengi
Derken, başlar semada saltanat
Ben ağlarım gülerken

Mehtap uyanmış
Seyr-ü sefada yıldızlar, siyaha yanmış
Bende fasıl fasıl dert
Ah o ne zalim bir yarmış

Çalsın sazlar, çalsın bu gece
Alaturka başlasın
Vur usta tamburun tellerine
Hanendeler çağlasın

Penceremden geçer sandallarla sevdalılar, hercai
Çınlar gökkubbede aşkın şahane saz semai

Kader böyleymiş!

ZALİM

Ten beyaz, saç kızıl güller
Kahkahasında bülbüller
Kirpiği kapkara tüller
Ben o afete vuruldum

Göz değil nakış mübarek
Bendeki aşk değil ibadet
Elleri sevdi nihayet
Ben ebedi saadetten kovuldum

Gölgemi aldım yanıma
Vurdum hasretin yoluna
Benzedim bahtsız mecnuna
Yüce mevlaya sığındım

Seyret perişan halimi
Bende akşam olmakta
Dostlar seyrelmiş,
Beyhude lafla vakit dolmakta
Avare oldum
Serseri oldum terk-i diyarda
Zalim! Senin allahın yok mu?

Yarin gözü yüksekte,
Benim bir kuru aşkım var
Düşmanlarım nispette be hey kara vicdanlı yar
Yağdı saçlarıma genç yaşımda lapa lapa kar
Zalim! Senin allahın yok!

BE VEFASIZ

Be vefasız!
Gözlerinden düştüm mü söyle
Gördün güzelleri
Kaldın mı gurbet elde

Ben hâlâ koyduğun yerde
Gün sayıyorum
Sana kazak öreceğim
Yün sarıyorum

Bir yumru orta yerinde
Can daralıyor
Sabahı zor ettim yine
Tan ağarıyor

İçine pekmez akıttım
Kar karıyorum
Gözüme sürme çektirdim
Perçemim tarıyorum

Çorbayı koydum ocağa
Tuz basıyorum
Yıkadım gömleklerini
Tez asıyorum

Al kuşak sardım belime
Has ipek serdim evime
Sevdiğim ak düşmeden dön, gel
Saçımın teline

HAZAN

Yoruldum alınmaktan, kırılmaktan
Yıllar yılı peşinde
Kovuldum cennetten, cehennemden
Öldüm öldüm, dirildim içimde
Sen her su veren ele açan kolay çiçek
Bende hazan, bende hüzün, dert bende

Yetimim sensiz, yurtsuz, yersiz
Dilerim bensiz, anlayacaksın
Ölürüm yoluna
Sonum olacaksın
Günahın boynuna
Onun koynuna ne zaman doyacaksın?

GEÇİYOR BİZDEN DE

Bir masaldı aslında
Ne yazık sonu yoktu
Bir şarap sofrasında
Hazin, kibar bir vedayla son buldu

Ama biz biliyorduk
Bir daha çok zordu
Kederle gülüyorduk
O esnada, bir yıldız hızla kayıyordu

Ah geçiyor bizden de
Ah bitiyor ömürler
Can çekiyor elbette
Ama çok yaralı gönüller

Bıraksam her şeyi
Dönsem bir türlü
Vazgeçsem hayattan
Ölsem bir türlü

KURŞUNİ RENKLER

Bir sabah saçlarımı okşayıp da rüzgâr
İzlerini sürüp de gidecek beyaz beyaz
Ve güneş aynaya baktığımda
Çizgilerden yeni bir yüz gösterecek üzülerek biraz

Yok olmaz erken daha, biraz geç kalın ne olur
Hiç hazır değilim henüz
Ne olur baharlarımı bırakın bir süre daha
Tanıdık değil bana güz

Yok olamaz dur, dur gidemezsin
Gözlerimin rengi dur, bulutlara dönemezsin
Yok alamazsın beni deli zaman, dur
Ömrüme o kurşuni renkleri süremezsin

O gün başka renkte ağaracak biliyorum
Ve zorla değil ya, o rengi hiç sevmiyorum
Ne olur sanki biraz daha zaman verseniz
Yıllar öfkenizi hiç mi hiç anlamıyorum

ÇİLE

Sorarım soru, sırra eremem
Ararım döne döne, duramam
Yürürüm diken diken, kanamam
Yola düşünce

Bilemem başı sonu nerede
Akarım nehir gibi yine de
Yaşamak inadına ve ille de
Cana vurunca
Çile...

Göremem bazı, boşa bakarım
Bir dua, bir türkü, bir can yakarım
Beşerim, şaşar hata yaparım
Kötü huyumca

Tutamam yeri, toz tanesiyim
Bir garip dünya biçaresiyim
Bir kulun deli divanesiyim
Aşka gelince
Çile...

Ne rahat bir soluk aldım
Ne huzur buldum
Yine de sevdim bu acı dünyayı
Gitmedim, durdum
Çile...

BÜKLÜM BÜKLÜM

Ne söylesen, ne beklesen
Yaradandan ya da kaderinden
Ele geçmez istediğin
Uğruna savaş vermediysen

Sanki seni boğar gibi
Sanki yeniden doğar gibi
Sanki zaman zaman ölür gibi
Acısını, çilesini çekmediysen

Hani büklüm büklüm boynunda
Hani paramparça ruhunda
Hani soran gözlerle kapında
Bekleyen dargın anıların gibi

Sevilmeden de sevmeyi
Neyi özlediğini bilmeyi
Acı da olsa yine gerçeği
Görüp de söylemeyi bilmediysen

BEN SENİN BİLDİĞİN ERKEKLERDEN DEĞİLİM

Ben sevdim eller aldı
Kalk gidelim kavruk kalbim
Gül derdim, diken yağdı
Yok sebebi bu hoyrat harbin

Ben senin bildiğin erkeklerden değilim
Onun için ağlıyorum yar
Sen öyle dik dur, ben sana eğileyim
Senin için kanıyorum yar

Rüzgârı kattım önüme
Döndüm de, baktım derine
Yandım dünyanın canına
Dostlar sağolsun

BİLE BİLE

Bir arada olabilmek ne mümkün
Bir arada kalabilmek imkânsız
Seneler alıp gitmiş,
Ne var ne yoksa her şeyi

İnanılmaz, değişen ben miyim
İnanılmaz, bu yabancı da kim
Sen misin böyle
Uzak veda sözleri söyleyen

Geri dönmek inan işten değil
Hani var ya tutamazsın kendini
Bir ümitle "ya olursa" dersin hep
Bile bile her şeyin bittiğini

Sonradan kor, sonradan kor
Ayrılıklar an be an
Akıp gider, akıp gider
Zaman sana aldırmadan

ARAMIZA YOLLAR

Ben yalnız seni severdim, sen ise kendini
Hani daha da çekerdim senin derdini
Kızgın değilim hiç inan, kırgın değilim
Üzgünüm, koruyamadık aşkın ahengini

Nerelerdesin, neler yaparsın
Unuttun mu sahiden, ah sende mi
Kimlesin, nasıl yaşarsın
Unuttun mu sahiden, ah sende mi

Ben seni taşırım hâlâ ta şuramda
Tüketirken iyi kötü fani ömrümü
Bir kez sevenlerdenmişim, hiç haberim yokmuş
Avutamadım bir daha sensiz gönlümü

Aramıza yollar, yabancı kollar, zor yıllar girdi
Ümitlerimi, saf sevinçlerimi derken
Seni kaybettim
Bir iki sözle bir kaç şarkıyı, adaletsiz yargıyı
Bir de bu talihsiz yazgıyı
Kalbime kaydettim

Dinleme yüreğim kendini
Kalk, son bir kara trene bin
Ve sevdayı gördüğün her durakta
Hiç düşünme, in

Aramıza yollar, yabancı kollar, zor yıllar girdi
İnanmazsın ama,
Ben bunu ilk günden beri hissettim

HAYAT ZATEN ZOR

Sen yüreğini korumaya bak
Bir yanın çocuk kalsın, bırak
Ne olur gel bildiklerini unutarak

Sen saflığını gözden sakın
Dursan da günaha yakın
Ne olur gel bildiklerini unutarak

Hadi gel, gülümse
Hele kalbine yol ver
Değişir, değişmez
Sen onu düşünme

İyiye, hayra yor
Bu hayat zaten zor
Bir de sen ekleme
Oturup, bekleme

Bir ucundan sen tut
Bir ucundan ben
Şiirin, şarkının
Sazın telinden

GERİ DÖN

Alışırım zannettiğim yokluğundan acılanmam
Vazgeçmek zor senin o büyülü tuhaf sıcağından
"Dön" demeye utanırım zavallı korkularımla
Arkasına saklandığım gururumdan

Olur da bir gün sen de özlersen
Olur da bir gün sen de gözlerimle buluşmayı istersen
Uzanıp, tutuver elimi bir gün
Utanır diyemem, ne olur geri dön

Her şey bana seni hatırlatır unutmak isterken
Utanırım hep o acılı şarkılarla ağlarken
Bazen bir dost ya da bir çiçekle evime gelirsin
Her şey seni hatırlatır da yeniden

Geri dön geri dön, ne olur geri dön
Uzanıp, tutuver elimi bir gün
Utanır diyemem, ne olur geri dön

DARGIN DEĞİLİM

Üzgünüm gidenler için
Üzgünüm bitenler için
Sadece çok üzgünüm,
Dargın değilim

N'olur sen de beni affet
Kahır değil bu kıyamet
Cezamızı çekiyor gibiyiz
Belki de nihayet

Bir gün çalınırsa kapımız
Tekrar anılırsa adımız
O zaman sarılır,
Kanayan yaramız

Günahlar, günahlar, günahlar
Gün gelir zaman bizi aklar
Yıkanır ihanetler
Yıkanır ahlar

BİLSEM

Ne kadar güvenirdim kendime
Ne kadar emindim
Derdim ki, "büyük palavra aşk"
E hayat zor, budur mesele

Azıcık küçümserdim fırtınada savrulanları
Samimi bulmazdım pek aşk aşk diye kavrulanları
Bilsem, kapına yatardım
Bilsem, gözünün içine bakardım
Bilsem, kelimeleri yakardım
Alışkanlık yaptığını

Biçerim ektiğimi şikâyetsiz
İçerim, bütün meyhaneler benim
"Hadi gel" desen de, gelmem
İşi bilirim, soğuk yenir kin
İhanet intikamsız kalmaz

HAYAT BÖYLE

Şaşarım her gün,
Gözümü bağladılar
Ne varsa bildiğim
Acımı sağladılar

Aklıma uysam olmaz
Kalbim kavga bilmez
Ben uyarım, o uymaz
Ağladım, ağladılar

Hayat böyle
Duruldum, dalgalandım
Hayat böyle
Bütündüm, parçalandım

Sora sora bitmiyor
Hiçbir cevap yetmiyor
Kalk gidelim aşk efendi
Bu terazi çekmiyor

KARA GÖZLERİNDEN YAS

Kara gözlerinden yas, yalnızlık süzülür
Dünyanın matemi üzerine yürür
Sen sevinçler sürünür, fırtınaya durursun
Yaşlı bir çınar gibi ümidini korursun

Ne olursun sevgilim, ne olur beni de koru
Üzerimden asırlık acılarla yıllar geçti
Nedensiz sevinçlerim vardı benim bir zamanlar
Bir zaman benim için de korkaklık ölüme eşti

SANDIK LEKESİ

Ne kadar ağladım, ne kadar üzüldüm
Kalbimi sende bıraktım, yalnız yürüdüm
Çok uzun sürdü hatıranla barışmak
Hasretinden sevdadan sevdaya sürüldüm

Benim de saçımda beyazlarım var artık
Çeyizlerim safran sarı, sandık lekesi
Bir sabah sürgünden döndü ümitlerim
Uyandı içimde yeniden sevmek hevesi

A canım, sen de vazgeçilmez değilmişsin
Be canım, benden önce hiç sevilmemişsin

Herkes kendi kaderini yaşar yarim
Dünyadan sonra bir hayat daha olsa
Bu mevzu ikimizi de aşar yarim
İsyanlar çıksa, âşıklar ayaklansa

MUHABBET KUŞLARI

Ay! Kapı çaldı, bir gelen mi var
Beklemedeyiz ben ve hatıralar
Yok, öyle geldi, sessizlik bağırmıştır
Çok zaman geçti, yok o eski komşular

Muhabbet kuşları değil mi bu öten?
Kızılcıklar oldu, bu kaçıncı tren?
Vay anam, anam unutulduk
Defter aralarında kurutulduk

SARI SONBAHAR

Ruhuma ihanet etti alçak ten
Eskidi, kalp hâlâ aşkla atarken
Ne kadar kısaymış meğer hayat
Ah be, nerelerdeydin kızım gençken

Diyorsun aşk her şeyi halleder
Ama aleyhime işliyor seneler
Eloğlu koynuna girerse,
Gözlerim kapanmaz ki açık gider

Sen körpe incir, ben olgun nar
Dişleyemem çok tazesin yar
İmkânsız olsa da ümit verdi
Beni mahveden bu sarı sonbahar

YAS

Hatıralar başucumda nöbet tutar
Gece gündüz bekler beni
Düşlerim var benim, hayallerim var
Fikrim derya deniz, fikrim geri getirir seni

Ne eserim, ne yağarım
Dururum mateme dilsiz dağ gibi
Dualarım var, duvarlarım var
Yazarım söylerim yana yana ismini

Yarıda kaldı şarkılar, aman!
Bu yaraya deva değil zaman
Ateş düştüğü yeri yakar
Bu düzeni bozuk dünya yalan

Ötme bülbül ötme
Can ayazda, kışta
Sen gülü terk etme
Şarkılar şiirler yasta

SÖZ BİTTİ

Yarından haber yok, dün bitti
Saatler son günü çalıp gitti
Yeminler yaşlandı dudaklarda
Düğümlendi derken söz bitti

Vagonlar bir dolup, bir boşaldı
Kuruyan gözlerim yine yaşardı
Sarardı sırayla fotoğraflar
Ne hayatlar içimde kaldı

Unutursun için yana yana
Unutursun ölüm sana, bana
Zaman basıp kanayan yarana
Unutursun, unutursun

KIRIK TELLİ

Elin tütün sarısı
Dilin mana yarısı
İkindiyle akşam arası,
İçini gördüm senin

Gördüm ağaç gibi duruşunu
Denize, dağa uyuşunu
Kalbinin suya vuruşunu
Gözünü sevdim senin

Kırık telli sazım benim
İlk ayım, son yazım benim
İncecikten sızım benim
Yanar dünya dünya deyi

NEREDESİNİZ

Erken geldi o mevsim
Zamandan korkuyorum
Bu beyazlar yaşım değil,
Yaşadıklarımdan iz

Sevgiler, sevgililer, özlemler, ayrılıklar,
Kavgalar, çelişkiler kalır mı çizgisiz?
Gözlerimin yanında, bir zaman dudağımda
Olmayan izler, kimsiniz?

Yolun yarısı bile değilken
Yıllar beni nasıl geçtiniz
Hâlâ umutlarla uyanırken
Gençliğime çizgi çektiniz

Hani o çok sevenler,
Ey dostlar, sevgililer
Ben buradayım,
Ya siz neredesiniz?

GELSİN HAYAT BİLDİĞİ GİBİ

Gelsin hayat bildiği gibi, gelsin
İşimiz bu, yaşamak!
Unuttum bildiğimi doğarken
Umudum ölmeden hatırlamak

DÜNYA MİSAFİRİYİZ

Bu gece acıların hepsini çekmeli
Hatıralar sizinle içmeli
Virane meyhaneler şehri bekliyor
Bir tahta masada iş bitmeli

Bir hazin şarkı gibi akşam
Demlenir şişede bir içli makam
Dünya misafiriyiz
O bir han, biz seferiyiz
Bir hayat yetmez büyümeye

Çare mi, bahane mi
Ağla ağla yetmez
Yaremi yaremi sara sara bitmez

AHDIM OLSUN

Geçti yıllar ah, geç aydım
Anladım ki boşa gün saydım
Baka kaldım giden güne
Ben hep düne ait kaldım

Çocukluğum kavruk
Gençliğim savruk
Yetişkinliğimden hiç hayır yok
Hayat, kadere inat
Seni sil baştan yaşayacağım
Ahdım olsun!

Esip geçtim, yağıp geçtim
Kaçırdım tez zamanları
Pişmanlıklar, düşmanlıklar
Bitmez dilimin amanları

TEMPO

Diyorlar ki bize
Eninde sonunda hayat herkesi kuzulaştırırmış
Döve döve yola getirirmiş
Sonunda mutlaka uzlaştırırmış

Onların hiç aklı yok muymuş ha
Tekmili toptan salak mıymış
Baş kaldırmak sadece
Hayatı büsbütün zorlaştırırmış

Bizi de dövsün hayat, bizi de yorsun varsın
Geciktirirler ancak durdurumazlar
Geleceğe akar zaman, korkan yerinde saysın
Bütün boşluklara sızar yeninin gücü azar azar

Bıkmadan, usanmadan,
Yaş alırken yaşlanmadan,
Pas tutmadan, yas tutmadan,
Eğilmeden, bükülmeden,
Ezmeden, ezilmeden
Kin tutmadan, kül yutmadan
Tempo, Tempo, Tempo!
Forte, Forte, Forte!

Yaşamak istiyoruz, yaşıycaz
Hem de yasaksız bahçelerde
Tıpkı tören gibi, tıpkı şölen gibi
Dolu dolu, doya doya tamam mı?

Çekirdeksiz üzüm, zeytin dalı
Çiçek balı, kan portakalı tadında
Umut dolu, hayat dolu
Peki ya siz, devam mı?

Durur mu dünya döner
Kiminin yangını söner
Kimi anlam çoğaltır
Kimi anlam gömer

Su akar denizine kavuşur
Deniz okyanusuyla buluşur
Değişir, her şey değişir
Daha oynanmadı son el

RUHUMA ASLA

Yetmez tacını tahtını bahtını versen, yetmez
Yetmez varını yoğunu çoğunu sersen, yetmez
Eğmez başını bu yürek, ölse çula çaputa eğmez
Ruhum aşkın esiri, başka esaret sevmez

Malımı al, mülkümü al
Olsa gel samur kürkümü al
Yerimi, yurdumu, uykumu
Tende en kuytumu al

Ama senin değilim yar, değilim
Sebebi var, bahanesi yok
Üstelik divanen delinim
Tam kalbime gelmedi ok

Çekmişim isyan bayrağını
Dalgalanır başımda hür
Sen diken sal üstüme üstüme
Bende deste deste gül

ŞARKI SÖYLEMEK LAZIM

Hayat zorlaşınca
Çıkmaz sokaklarda soluksuz kalınca
Azalınca manadan
Seyyar sevdalarda parçalanınca

Dil yetmeyince,
Göz görmeyince, gönül hissetmeyince
Kırılınca camdan kalp
Dönüp yalnızlığa, kitlenince

Dert bitmeyince
Bildiğin çektiğine yetmeyince
Düşmanında kendini yakalayınca
Bir daha kin gütmeyince

O zaman şarkı söylemek lazım avaz avaz
O zaman şarkı söylemeli çığlık çığlığa
O zaman yüreğin yükü hafifler belki biraz
O zaman şarkı söylemek lazım avaz avaz

GİDEMEM

Bazen daha fazladır her şey
Bir eşikten atlar insan
Yüzüne bakmak istemez yaşamın
O kadar azalmıştır anlam

O zaman git hemen radyoyu aç, bir şarkı tut
Ya da bir kitap oku mutlaka iyi geliyor
Ya da balkona çık, bağır bağırabildiğin kadar
Zehir dışarı akmadan yürek yıkanmıyor

Ama fazla da üzülme, hayat bitiyor bir gün
Ayrılıktan kaçılmıyor
Hem çok zor, hem de çok kısa bir macera ömür
Ömür imtihanla geçiyor

Bir şiirden, bir sözden,
Bir melodiden, bir filmden
Geçirip güzelleştirmeden can dayanmıyor
Yıldızların o ışıklı fırçası azıcık değmeden
Bu şahane hüzün tablosu tamamlanmıyor

Ben bu yüzden hiç kimseden gidemem, gitmem
Unutamam, acı tatlı ne varsa hazinemdir
Acının insana kattığı değeri bilirim, küsemem
Acıdan geçmeyen şarkılar biraz eksiktir

1975-2006

İÇİNDEKİLER